L'auteur

Né en 1953, Pierre Crépon est ordonné moine zen par maître Taisen Deshimaru en 1975 et reçoit le nom de Dokan. Il suit quotidiennement l'enseignement de son maître au dojo zen de Paris et lors des sesshins. Il fait partie du groupe des proches disciples de maître Deshimaru que celui-ci désigne pour enseigner le zen.

Depuis la mort de Taisen Deshimaru, en 1982, il continue la même pratique. Il enseigne au dojo zen de Vannes, en Bretagne. Il est l'un des responsables de l'Association zen internationale.

Pierre Crépon est l'auteur de plusieurs ouvrages dont « Le bouddhisme et la spiritualité orientale » (Pocket), « Les fleurs de Bouddha » et « Les religions et la guerre » (Albin Michel).

Collection dirigée par Laurence E. Fritsch

L'APRÈS-MORT
Georges Barbarin

LA ROUE DE LA MÉDECINE
Sun et Wabun Bear

VAINCRE LA CODÉPENDANCE
Melody Beattie

POUR COMPRENDRE LE BOUDDHISME
Samuel Bertcholz/Sheras Chödzin Kohn

GUIDE DES TECHNIQUES DU MIEUX-ÊTRE
GUIDE DES MÉDECINES DIFFÉRENTES
Marie Borrel/Ronald Mary

LE TAO DE LA VOIX
Stephen Chun-Tao Cheng

LES PENSÉES DE CONFUCIUS
LE SECRET DE LA FLEUR D'OR
Thomas Cleary

LE BOUDDHISME ET LA SPIRITUALITÉ ORIENTALE
Pierre Crépon

LA LUMIÈRE DU DHARMA
dalaï-lama

LA MÉMOIRE DES VIES ANTÉRIEURES
Denise Desjardins

LA MORT ACCOMPAGNÉE
Garance Denaux

GUÉRIR PAR LA MÉDECINE CHINOISE
Roland Di Sabatino

NOUS SOMMES TOUS IMMORTELS
DES VIES ANTÉRIEURES AUX VIES FUTURES
GUÉRISON SPIRITUELLE ET IMMORTALITÉ
Patrick Drouot

PRATIQUE DE L'EXPÉRIENCE SPIRITUELLE
Karlfried Graf Dürckheim

L'ÂME DE L'INDIEN
Charles Eastman (Ohiyesa)

LE TAO DE L'HABITAT
L'ÉNERGIE CURATIVE DES COULEURS
Gérard Edde

TROUVER SON PROPRE CHEMIN
Isabelle Filliozat

LA MÉDECINE DES CHAKRAS
Janine Fontaine

LE LIVRE DE LA MÉDITATION
David Fontana

À L'ADRESSE DE CEUX QUI CHERCHENT
Alain Guillo

LA VOIE SPIRITUELLE DU CHAMANE
Michael Harner

COMMENT COMPRENDRE SON HOROSCOPE
Germaine Holley

VOYAGE VERS LE MAÎTRE DE LA PUISSANCE
Ibn' Arabi

SOYEZ ZEN
VIVRE ZEN
Charlotte Joko-Beck

LA RÉINCARNATION EST-ELLE POSSIBLE?
Robert Kastenbaum

TRANSFORMEZ VOS DÉSIRS EN RÉALITÉ
Richard Khaitzine

LA MORT EST UN NOUVEAU SOLEIL
LA MORT, DERNIÈRE ÉTAPE DE LA CROISSANCE
Elisabeth Kübler-Ross

DO IN, LA VOIE DE L'ÉNERGIE
Anne-Béatrice Leygues

TROUVEZ VOTRE PARTENAIRE GRÂCE À LA NUMÉROLOGIE
Philippe de Louvigny

VOYAGE AU BOUT DE LA VIE
Bernard Martino

MAÎTRISEZ VOTRE DESTIN
Philippe Morando

PAROLES DES SAGES D'AMÉRIQUE DU NORD
Kent Nerbun – Louise Mengelkoch

VIVRE LA VOYANCE
Rosana Nichols

LA VIE APRÈS LA MORT!
Nils O'Jacobson

CE QU'ILS ONT VU AU SEUIL DE LA MORT
Karlis Osis et Erlendur Haraldsson

COMMENT SORTIR DE SON CORPS
Bernard Raquin

DÉCODEZ VOS RÊVES
UN PRÉNOM À VIVRE
Geneviève Salvatge

SAGES D'ORIENT
Idries Shah

LE RIRE DU TIGRE
Marc de Smedt

MYSTIQUES ET MAÎTRES SPIRITUELS CONTEMPORAINS
Bruno Solt

VOS VIES ANTÉRIEURES
Elaine Stephens

L'UNIVERS EST UN HOLOGRAMME
Michael Talbot

LA MAGIE DES RUNES
Edred Thorsson

CES POUVOIRS QUI SONT EN VOUS
John Volkmar

YI-KING AU QUOTIDIEN
Greg Whincup

L'Âge d'Être

Pierre Dokan Crépon

Pratiquer le zen

POCKET

ISBN : 2-266-06395-2

Sommaire

La Voie est non-deux

A mon maître, Taisen Deshimaru

Avant-propos

Lorsque maître Taisen Deshimaru est arrivé en Europe, en 1967, le zen n'y était connu que d'une poignée d'intellectuels, comme une religion exotique ou une philosophie abstraite et séduisante. Dès son arrivée, il se consacra exclusivement à enseigner ce qu'était le véritable zen, une pratique du corps et de l'esprit, appelée *zazen*, transmise depuis des générations, d'Inde, en Chine, au Japon, et dorénavant en Occident. « Le zen, c'est zazen », ne cessait-il de répéter, et ce zazen n'est ni une spécialité exotique, ni une connaissance ésotérique, ni l'acquisition d'un état particulier, mais le retour aux conditions normales, l'accès au bonheur, à la liberté et à la paix.

Trente ans plus tard, et quinze années après la mort de Taisen Deshimaru, le zen s'est implanté en Europe, sa pratique a été transmise. Le nombre de pratiquants, réguliers, occasionnels ou en puissance, ne cesse de croître. Les lieux de pratique, les *dojos*, existent dans beaucoup de villes et de multiples sessions sont organisées un peu partout. Un noyau important de personnes ont placé la pratique du zen au centre de leur vie et portent le *kesa*, l'habit-symbole de l'ordination et de l'appartenance à la communauté des disciples de Bouddha, la *sangha*. Cela est vrai en France et dans toute l'Europe.

Récemment le mot zen est même devenu à la mode et est utilisé dans des articles de presse ou dans la publicité, apparemment associé à une certaine idée de sérénité. Bien qu'il ne soit évidemment pas encore connu de tous, loin de là, le zen commence donc à être intégré dans notre univers culturel. Il suscite ainsi un intérêt grandissant auprès de tous ceux qui sont dans une démarche de recherche. Le nombre d'ouvrages, les plus divers, consacrés au zen en témoigne.

De cette rapide expansion, il peut toutefois ressortir une certaine confusion, comme le montre l'emploi du mot zen dans le langage courant. On attribue parfois à la Voie bouddhique du zen des développements qui appartiennent au bouddhisme tibétain, popularisé dans les médias grâce à l'action du Dalaï Lama, on l'associe aux nombreuses techniques venues d'Extrême-Orient (taï-chi, qi gong, arts martiaux), on continue à étudier ses textes comme s'il s'agissait d'une pensée métaphysique énigmatique.

Par ailleurs, comme le zen vise à l'essentiel, s'occupe « des racines et non des branches », il engendre également une tendance à vouloir ajouter quelque chose à cet essentiel. Ce peut être une volonté de copier les manières monastiques japonaises et de suivre un formalisme exotique. A l'inverse, ce peut être de vouloir « occidentaliser » le zen, de donner naissance à un « zen chrétien », à un zen réduit à une technique de méditation, à un « zen psychologique » — la propension à l'analyse psychologique est caractéristique de notre fin de siècle — ou encore à un « zen excentrique », un « zen branché » ou « new age ». Dans une moindre mesure, on ajoute également à la simple pratique du zen les préoccupations de l'époque, comme autant d'excroissances, la recherche de la santé, le végétarisme, l'engagement social, etc. Tout cela est normal, et sans doute incontournable, car le zen ne s'est jamais entouré de barrières, ni d'interdits. Il n'en a pas été autrement lorsqu'il s'est diffusé dans d'autres cultures.

Dans cet ouvrage, j'ai présenté le zen dans ce qu'il a d'essentiel, la simple pratique d'éveil de zazen. Les premières parties décrivent le plus précisément possible la pratique, la façon de faire dans un dojo, et les grands principes du zen. La dernière partie présente l'enseignement et la pratique d'un certain nombre des grands maîtres de la transmission, au travers d'anecdotes, de dialogues, d'écrits et de biographies. J'ai essayé d'adopter un langage clair et de montrer que ce dont s'occupe le zen n'est pas quelque chose d'éloigné de nous mais bien au contraire de ce qu'il y a de plus vital, ici et maintenant. Pour autant, certains passages, qui traitent de la conscience de zazen et de l'enseignement des Patriarches, pourront paraître difficiles pour ceux qui ne pratiquent pas. Sans pratique, la Voie reste éloignée. Par la pratique, l'enseignement devient lumineux.

Je suis disciple de maître Taisen Deshimaru, et j'enseigne le zen qu'il a transmis. Je crois que notre génération, celle des premiers enseignants occidentaux, a une mission délicate et passionnante, celle de transmettre, malgré nos imperfections, la pratique de l'éveil des Bouddhas et des Patriarches, le zazen sans objet, en laissant éclore sa créativité, tout en préservant son intime authenticité, sans y ajouter quoi que ce soit. J'espère que cet ouvrage y contribuera.

Pierre Dokan Crépon
Ecrit à Vannes et au temple de La Gendronnière,
Eté 1996

N.B. Pour tous les mots spécifiques au zen, j'ai utilisé les termes japonais et non chinois. J'ai fait de même avec les noms des maîtres, même s'ils sont d'origine chinoise. Dans cette transcription, le *u* se prononce *ou*. Par exemple *ku*, qui signifie la « vacuité », se dit *kou* et non *cul*. J'ai gardé les termes sanscrits.

Je remercie toutes les personnes qui m'ont aidé à réaliser cet ouvrage. Les publications de l'Association zen internationale ont été une de mes principales sources écrites de documentation.

La Voie du zen

TOURNER SON REGARD VERS L'INTÉRIEUR DE SOI-MÊME

Comme tout ce qui naît, l'être humain est mortel. Cela est vrai pour les êtres sensibles comme pour toute autre manifestation, pour les fleurs et les insectes, comme pour les montagnes et les étoiles. Quelle que soit la durée de leur vie, de quelques minutes à des milliards d'années, tous les phénomènes qui apparaissent, disparaissent, tout ce qui est produit est détruit.

Je ne sais pas quelle conscience ont les animaux, par exemple les mammifères qui nous sont les plus proches, de cet aspect des choses. En tout cas, l'être humain, au cours de son évolution, se caractérise par sa prise de conscience du caractère irréductiblement éphémère, et donc illusoire, de sa propre existence et de tout ce qui l'entoure — à commencer par celle de ses proches dont la disparition vient périodiquement lui rappeler l'impermanence de la vie : les cultes funéraires de nos plus lointains ancêtres préhistoriques l'attestent. Dans le même temps, cette prise de conscience s'accompagne chez certains du sentiment, qui va de l'espoir diffus à la certitude absolue, qu'il existe en ce monde une dimension irréductiblement éternelle et réelle, que nous faisons intrinsèquement partie de cet univers infini que l'on pressent autour de nous.

Je ne sais pas si cela est dû à la structure de son cerveau, ou à quelque plan préétabli, au hasard ou à la nécessité, mais je crois que la vocation profonde de l'être humain, son désir ultime, est de résoudre cette apparente dualité, de manifester la dimension éternelle dans son existence éphémère, de trouver le réel dans l'illusoire. Depuis les temps les plus anciens jusqu'à nos jours, des êtres humains se sont consacrés à cela, dans différentes directions, avec plus ou moins de vigueur, avec plus ou moins de succès.

Tout le monde n'est pas investi dans une telle recherche. Pour beaucoup d'entre nous, les préoccupations quotidiennes, la quête d'un peu de bonheur au milieu des difficultés matérielles, la confrontation avec les souffrances physiques et morales, la volonté de posséder et de réussir, l'attrait pour la vie sensuelle, physique ou intellectuelle, envahissent l'ensemble de nos existences. Cela est vrai dans nos sociétés occidentales modernes, polluées à des degrés divers et soumises à l'abrutissement par l'image, la consommation inutile et le règne de la futilité. Mais cela est également vrai dans d'autres sociétés, présentes et passées, soumises à d'autres démons dont les plus terribles sont la violence et la misère.

Pourtant, au sein de chaque être humain réside l'aptitude à se tourner vers la dimension la plus élevée de son existence et c'est cette aptitude qui conduit l'humanité vers son humanité. Lorsqu'elle n'est pas révélée, les êtres courent après des chimères et errent dans des dédales obscurs : ils y rencontrent des bonheurs passagers mais aussi les souffrances et parfois les folies qui s'emparent collectivement de nos semblables. Lorsqu'elle se révèle, les êtres se tournent vers le monde de l'éveil et aspirent à sa réalisation.

C'est ce dont s'occupe le zen : réaliser par la pratique cette aspiration ultime de l'être humain qui signifie accéder à sa véritable vocation d'être humain.

Matérialisme et spiritualisme

D'une manière simplifiée on peut dire que les civilisations ont des tendances soit au spiritualisme, soit au matérialisme. Par exemple, notre Occident médiéval avait un fort penchant pour le spiritualisme. Dieu et la religion étaient la mesure de toutes choses, les mystiques étaient les héros de la société, le clergé, les dogmes religieux et le credo de la foi son ossature, et même le pouvoir temporel tirait sa légitimité de la loi divine. L'homme était tourné vers le monde éternel mais la misère et la superstition assombrissaient la vie du plus grand nombre.

Par réaction, depuis la Renaissance, puis le siècle des Lumières et le XIXe siècle scientiste et industriel, notre civilisation s'est tournée vers le matérialisme. Nous avons mis Dieu de côté pour nous intéresser au fonctionnement des lois de la matière, nous avons séparé le corps de l'esprit, nous avons oublié le monde éternel pour ne considérer que le monde éphémère. Des progrès en ont découlé, d'un point de vue matériel. Notre espérance de vie est plus longue, le travail moins dur, les distances plus courtes. D'un point de vue moral également, cette période a vu naître la philosophie des droits de l'homme et l'aspiration à une meilleure solidarité et répartition des richesses.

Mais ce monde-là est également en crise et prend même par certains aspects, désastres écologiques, surpopulation, prolifération de techniques de destruction, des allures apocalyptiques. Le progrès scientifique ne se contrôle plus, la planète est souillée, les maladies persistent, les technologies normalement libératrices engendrent la pauvreté, l'absence de répères et de réelle communication d'une société vouée au spectacle plonge une partie de la population dans le désarroi moral et psychologique.

Que faire ? Devant l'échec d'une civilisation exclusivement matérielle à satisfaire les besoins fondamentaux de l'être humain — et même les simples besoins matériels d'un nombre toujours plus grand — on annonce le retour du religieux (la fameuse phrase, attribuée à Malraux : « le XXIe siècle sera spirituel ou ne sera pas »). Ce mot peut faire peur quand on voit la résurgence de l'intégrisme, de l'obscurantisme et des guerres tribales. Après que la balance a trop penché d'un côté, va-t-elle repartir dans l'autre sens, l'humanité va-t-elle se tourner à nouveau vers l'irrationnel et rejeter les acquis de son intelligence ?

Sans doute que non. Je crois que l'humanité sent confusément, au milieu de ses tourments et de ses difficultés, qu'elle doit accéder à une dimension nouvelle qui réunisse le spirituel et le matériel. C'est seulement en acceptant ces deux aspects, en équilibrant l'un avec l'autre, en retrouvant son lien organique avec la nature et l'univers dont elle est issue sans perdre son pouvoir de création, qu'elle résoudra la crise qu'elle traverse. Pour cela, il faut que chaque être humain, à commencer par chacun d'entre nous, change profondément sa manière d'être, retrouve la source de son humanité, la stabilité du monde éternel qui le laisse s'exprimer librement dans sa totalité.

C'est pourquoi le zen est profondément d'actualité.

La révolution intérieure

Nous cherchons toujours à l'extérieur. Nous cherchons Dieu dans un endroit lointain, quelque part dans les cieux. Nous cherchons la Vérité dans des dogmes et des croyances qui nous sont imposées, ou bien en disséquant et analysant à l'infini la matière qui nous entoure, ou encore en amassant des connaissances.

Une ancienne légende hindoue raconte qu'il y eut un temps où tous les hommes étaient des dieux. Mais ils abusèrent tellement de leur divinité que Brahma, le maître des dieux, décida de leur ôter le pouvoir divin et de le cacher en un endroit où il leur serait impossible de le trouver. Le grand problème fut donc de lui trouver une cachette. Lorsque les dieux mineurs furent convoqués pour résoudre ce problème, ils proposèrent ceci : « Enterrons la divinité de l'homme dans la terre. » Brahma répondit : « Non, cela ne suffit pas car l'homme creusera et la trouvera. » Alors les dieux répliquèrent : « Dans ce cas, jetons la divinité dans le plus profond des océans. » Mais Brahma répondit :

« Non, car tôt ou tard, l'homme explorera le fond des océans et il la remontera à la surface. » Alors les dieux mineurs conclurent : « Nous ne savons pas où la cacher, car il ne semble pas exister un endroit sur terre ou sous la mer que l'homme ne puisse atteindre un jour. » Brahma dit : « Voici ce que nous ferons de la divinité de l'homme : nous la cacherons au plus profond de lui-même, car c'est le seul endroit où il ne pensera jamais aller la chercher. »

La vérité gît au fond de nous-même. Courir en tout sens pour accumuler pouvoirs et connaissances ne conduit pas à la liberté, il faut apprendre à tourner le regard vers l'intérieur de soi-même pour que se révèle notre nature originelle. Nombreuses sont les légendes et paraboles, issues de toutes les traditions, qui délivrent un tel message. N'était-ce pas, déjà, l'enseignement de l'oracle de Delphes à Socrate : « Connais-toi toi-même et tu connaîtras l'univers et ses dieux. » Et l'humaniste Montaigne, peu suspect de conduite irrationnelle, n'écrivait-il pas, lui aussi : « Tout le monde regarde au-dehors, moi, je veux regarder vers l'intérieur. »

Cette nécessité de retrouver notre domaine intérieur, de regarder en nous-même, apparaît encore plus cruciale aujourd'hui alors que la crise du monde moderne a montré l'insuffisance de la prétendue maîtrise des conditions matérielles. Pour répondre à la recherche existentielle de l'être humain, pour résoudre la crise existentielle de notre civilisation, il nous faut donc apprendre à changer de perspective. L'échec des révolutions qui prônent le seul bouleversement des conditions sociales, et l'utopie d'un être humain au comportement conforme à une idéologie, le confirment. Nous devons assumer notre propre révolution intérieure. C'était le sens que donnait à sa venue maître Deshimaru, le fondateur du zen en Europe, qui écrivait dès 1967 : « Nous devons faire une révolution intérieure, tourner notre regard de 180°, opérer un retournement radical et regarder en nous-même, plonger au tréfonds de notre conscience, dans notre nature profonde, notre vraie nature, notre nature originelle. Là seulement se trouve la source de toute évolution, de toute exigence, là seulement se trouve le sens de notre vie. L'ego n'est pas seulement l'ego, il n'est pas seulement le corps, l'esprit, il est un avec le cosmos, il est Dieu, Bouddha, la force cosmique fondamentale. »

Reste la question primordiale : comment faire ? Car si beaucoup s'accordent sur cette nécessité d'opérer une révolution intérieure, peu indiquent une méthode. Tourner le regard vers l'intérieur de soi-même signifie-t-il analyser nos mécanismes psychologiques, prendre soin de soi-même, adopter des règles morales, s'en remettre à une puissance divine, et comment, ou encore fuir le monde extérieur, trouver une grille d'explication de l'univers au travers d'un symbolisme ésotérique, rechercher un pouvoir supra-humain ou une illumination transcendentale ?

Tout cela, quand bien même chacune de ces tentatives comporterait des avantages, nous détourne du simple fait de tourner le regard vers l'intérieur de nous-même. Le zen offre la méthode absolue, que l'on appelle zazen. En fait, on peut dire que le zen est seulement un nom qui désigne « tourner le regard vers l'intérieur de soi-même », sans rien y ajouter.

Du Bouddha jusqu'à nos jours

L'origine de la pratique du zen remonte à Shakyamuni qui vécut en Inde il y a 2500 ans et que l'on désigne depuis son Eveil sous le nom de Bouddha. Shakyamuni se posait les mêmes questions que les autres êtres humains à propos du sens de la vie, du caractère éphémère de l'existence, de la présence universelle de la souffrance. Il était également sensible à la crise que traversait son monde marqué par la dévalorisation de l'ancienne religion védique et la recherche de nouvelles références. Appartenant à la classe aristocratique à qui étaient dévolus pouvoir, richesses matérielles et plaisirs sensuels, il comprit que ce mode de vie seul ne pouvait constituer une réponse satisfaisante et qu'il était nécessaire de se tourner vers d'autres voies.

Il s'enquit alors de méthodes de recherche spirituelle dont l'Inde de l'époque était riche. L'introspection psychologique, le débat métaphysique, le questionnement sur le pouvoir divin, les rituels ésotériques, les exercices psycho-physiologiques du yoga, l'ascétisme étaient bien plus développés que de nos jours et constituaient autant de tentatives pour résoudre la quête ontologique de l'être humain. Shakyamuni s'exerça à toutes ces méthodes, s'investit dans tous les débats. Il ne put que constater leur impuissance à apporter de véritables et concrètes solutions au problème qu'il se posait.

Il décida alors de simplement tourner le regard vers l'intérieur de lui-même, sans rien y ajouter. Pour cela, il s'assit les jambes croisées et le dos droit, sans bouger et sans rien faire. C'est ainsi, en abandonnant toute volonté d'acquérir quoi que ce soit — biens matériels, compréhension intellectuelle, développement spirituel —, et c'est en ne cherchant ni à rejeter ni à saisir ce qui se produisait naturellement dans son corps et son esprit pendant cette station assise qu'il atteignit l'Eveil. On appelle cette expérience zazen. *Za* désignant le fait de s'asseoir et *zen*, l'état de concentration et d'observation de l'esprit; les deux mots associés en un seul signifient qu'il s'agit d'un tout.

C'est cette expérience de l'Eveil de Bouddha, cette expérience de zazen qui constitue le zen. Rien d'autre. Bouddha l'a enseigné à ses disciples qui eux-mêmes l'ont enseigné aux leurs et ainsi de suite de générations en générations. Cette succession s'appelle la transmission du zen. Elle s'est d'abord effectuée pendant plus de mille ans en Inde, puis en Chine, avec l'arrivée du moine indien Bodhidharma, à partir du VIe siècle après J.-C. C'est de ce pays que provient le mot de zen, d'abord sous sa prononciation chinoise de *chan* (elle-même traduction du mot sanscrit *dhyana*). Le moine japonais Dogen importa cette pratique dans son pays au XIIIe siècle (zen en est la prononciation japonaise). Dans la deuxième partie du XXe siècle, des Occidentaux ont commencé à la découvrir et elle s'est véritablement diffusée à partir des années soixante avec la venue de plusieurs moines japonais aux Etats-Unis et de Taisen Deshimaru en Europe.

Au cours de ces siècles, l'éveil de Bouddha, zazen, a donc continué à être pratiqué de générations en générations, de civilisations en civilisations. Il n'a rien à voir avec une culture ou une époque particulière. Il s'agit simplement de la réalisation pratique de l'aspiration ultime de l'être humain, manifester le monde éternel dans ce monde éphémère. Cet éveil ne rejette ni le monde matériel ni le monde spirituel, et il est la clé pour résoudre la crise du monde moderne et bâtir une civilisation harmonieuse. Il est dans la pratique la complète révolution intérieure, qui consiste à tourner son regard vers l'intérieur de soi-même, sans rien y ajouter. S'engager dans la pratique de cet éveil, répéter cette pratique, l'approfondir, suivre l'exemple de ceux qui l'ont pratiqué avant nous, telle est la Voie du zen.

C'est à la fois simple et délicat, facile et impénétrable, évident et mystérieux.

Revenir aux conditions normales

On pose souvent la question : « Le zen est-il une religion ? » La même question est d'ailleurs souvent posée à propos du bouddhisme en général. Selon les convictions de vos interlocuteurs vous pourrez obtenir des réponses très différentes. Telle personne soi-disant cultivée, ayant quelques connaissances livresques et fermement convaincue par ses propres convictions, affirmera qu'il s'agit d'une sagesse, d'une philosophie, d'un art de vivre mais non d'une religion puisqu'il n'y a ni Dieu créateur ni Révélation divine. Telle autre ayant voyagé en Extrême-Orient répondra par l'affirmative en s'appuyant sur l'existence de temples, de communautés monastiques, de cérémonies religieuses. Chez les pratiquants eux-mêmes, les réponses pourront être mitigées, selon qu'il s'agit d'une personne ayant une forte vocation religieuse, d'une autre au passé anticlérical ou d'une troisième pour laquelle la pratique de zazen conforte la foi chrétienne.

Maître Deshimaru disait : « Zazen est la religion d'avant la religion ». C'est la mise en pratique de l'expérience qui précède la formation des religions. Silencieuse, elle est avant tout conceptualisation. Au questionnement sur le sens d'une vie au caractère transitoire, au questionnement sur l'existence d'une dimension éternelle, zazen répond par la résolution de la dualité. Nous-même et l'univers entier ne sommes pas séparés, notre vie transitoire est l'expression de la dimension éternelle. C'est ce qui est concrètement réalisé par zazen. Cela ne se traduit pas par l'acquisition d'une condition spéciale de l'esprit, par un état altéré, déformé de la conscience, mais par un retour aux conditions normales du corps et de l'esprit. En général, notre esprit est toujours enfiévré, zazen c'est faire l'expérience d'un retour aux conditions froides de l'esprit, comme une voiture dont le moteur est en surchauffe quand on change sans cesse de vitesse : zazen, c'est revenir au point mort. A partir de ce poin , on peut voir la Réalité telle qu'elle est, nous-même, les autres et tous les phénomènes, qui ne sont pas séparés.

L'être humain a un besoin profond de religion. L'individualisation de sa conscience au cours de son évolution, qui lui permet un pouvoir créateur sur les phénomènes, lui a fait perdre le sens de l'interdépendance, de l'unité avec toutes choses. Alors, il crée des religions pour donner sens à sa vie, pour retrouver le caractère sacré de sa présence en ce monde, pour se « relier » à ce qui l'entoure, à l'absolu, à Dieu. Mais ce « lien », cette interdépendance, cette unité existe déjà : il n'y a rien à « relier ». Notre nature profonde n'est pas différente de la nature divine, de la nature de Bouddha; seuls notre ignorance, nos attachements nous empêchent de le réaliser.

Aussi, plutôt que de se « relier », s'agit-il de se

« délier » de l'attachement à nos illusions, à nos désirs, à nos concepts. Se délier signifie enlever les verres teintés qui nous font voir la réalité au travers de notre esprit limité par nos attachements. La conscience discriminante ne permet pas cela, seule une conscience libre qui ne reste pas engluée par nos propres créations mentales le permet. C'est la conscience qui s'actualise par la pratique de zazen et c'est pour cela que l'on dit que zazen est la religion d'avant la religion.

Dans le bouddhisme, on utilise moins le terme d'éternité, d'éternel, qu'on ne le fait dans notre culture chrétienne. On emploie le terme de non-né. Le principe de base du bouddhisme et du monde phénoménal est que ce qui naît, meurt, ce qui est produit, est détruit, ce qui apparaît, disparaît. Aussi utilise-t-on « non-né » pour désigner l'éternité. Ce qui est non-né ne meurt pas, ce qui est non-produit n'est pas détruit, ce qui est non-apparu ne disparaît pas. Nous vivons, comme tous les phénomènes, dans le monde de la vie et de la mort. L'expérience du zen, de zazen, c'est de réaliser dans ce monde de la vie et de la mort ce qui est non-né, ce qui continuait avant notre naissance de toute éternité.

Le deuxième principe de base du bouddhisme est que ce « non-né » ne réside pas dans un monde éloigné et qu'il n'est pas différent du monde de la vie et de la mort. C'est ce qu'a réalisé le Bouddha lors de son Eveil. Alors toutes choses de ce monde de la vie et de la mort deviennent claires et limpides, la peur, le doute et le mensonge disparaissent. C'est le retour aux conditions normales de l'esprit. Cela est délicat et mystérieux.

LES PRINCIPES DU ZEN

Le zen ne repose sur aucun dogme, sur aucune croyance. Il consiste à pratiquer zazen, à s'asseoir dans la posture de Bouddha. Cet Eveil transmis depuis le Bouddha Shakyamuni s'exprime dans des principes, des enseignements qui sont autant de guides pour la pratique, des manifestations de la sagesse du zen. Ces principes ne sont pas en nombre défini ; ils peuvent s'exprimer en une seule expression, par exemple « seulement s'asseoir », ou « tourner le regard vers l'intérieur de soi-même, sans rien ajouter », ou « voir la Réalité telle qu'elle est ». Ils peuvent se décliner en un grand nombre de formules ou de mots clés issus de la vaste littérature du bouddhisme Mahayana. Maître Deshimaru avait ainsi commenté sept principes fondamentaux du zen exposés dans l'œuvre de maître Dogen. Je présenterai ici douze principes du zen (les sept premiers sont ceux de Dogen commentés par Deshimaru).

La pratique et l'éveil sont unité

C'est le point essentiel de la pratique du zen. Dans la plupart des religions, dans la quasi-totalité des méditations, l'éveil ou l'union à Dieu, ou l'acquisition d'états spécifiques, est le résultat de l'effort, des mérites, de la pratique. On pratique pour obtenir, pour arriver, à un but. Il y a séparation entre la pratique et le résultat.

Dans le zen transmis, la pratique de zazen elle-même est éveil. Il n'y a pas dualité, pas séparation. L'éveil n'est pas l'obtention de conditions particulières mais le retour aux conditions normales qui s'opèrent pendant zazen. Zazen, l'éveil, n'appartient pas au monde phénoménal, au monde du karma où une action engendre une conséquence. Zazen est l'actualisation du « non-né », sa pratique en est la réalisation.

C'est pour cela que l'on utilise le même terme « pratique-réalisation » pour désigner la pratique et la réalisation de zazen. C'est pour cela aussi que le zazen d'un débutant n'est pas différent du zazen d'un bouddha. Pénétrer zazen, c'est laisser se produire l'éveil.

L'expression japonaise pour ce principe est *Shu sho ichinyo*.

Les êtres sensibles et Bouddha sont unité

Dans le monde de l'illusion, les êtres humains et Bouddha, les êtres humains et Dieu sont séparés, il y a illusion et éveil, ténèbres et clarté. Dans le monde de l'éveil, dans le monde du non-né, toutes les existences sont sans substance, il n'y a ni illusion, ni éveil, ni êtres sensibles, ni Bouddha.

Pendant zazen, l'être sensible, qui vit dans le monde de l'illusion, actualise le monde de l'éveil, le monde du non-né. Eveil et illusion ne sont pas séparés, l'essence et les phénomènes s'interpénètrent, les êtres sensibles et Bouddha sont unité.

Sur ce point également le zen diffère de la plupart des religions. L'expression japonaise est *Sho butsu ichinyo*.

Le vrai bouddhisme transmis

Le véritable bouddhisme, le véritable Eveil s'est transmis de maître à disciple, de bouddha à patriarche (expression traditionnelle : voir la dernière partie de l'ouvrage), c'est la pratique de zazen. Sans cette pratique transmise, le bouddhisme n'est que verbiage et imagination.

L'expression japonaise est *Shoden no buppo*.

La joie de la pratique et de l'éveil par soi-même

La pratique et l'éveil sont une expérience personnelle. Nous seuls pouvons la goûter. Quand l'ego s'abandonne, quand notre corps et notre esprit sont unité, quand nous devenons intime avec nous-même, quand notre esprit limité s'ouvre à la conscience infinie, quand sans effort l'éveil se produit de lui-même, nous pouvons ressentir une grande joie spirituelle qui s'élève de toutes nos cellules et de tout l'univers.

L'expression japonaise est *Jijuyu zanmai*.

L'enseignement, la pratique et l'éveil sont unité

L'enseignement est l'enseignement de la pratique. La compréhension n'est pas intellectuelle mais réalisation par la pratique du corps et de l'esprit. L'enseignement est éveil, la compréhension est éveil, la pratique est éveil. Ils se produisent simultanément et ne sont pas séparés.

L'expression japonaise est *Kyogyo sho itto.*

Au-delà de Bouddha est la vérité

Nous respectons le Bouddha, l'homme réalisé, qui représente l'idéal de notre démarche. Cependant, il n'est pas nécessaire de trop s'attacher, il ne faut pas créer de séparation, de dévotion à un objet ou à un être extérieur. Un dicton zen dit : « Si tu vois le démon, tue-le, si tu vois le Bouddha, tue-le. » La véritable liberté est au-delà des Ecritures, au-delà de Bouddha, au-delà de Dieu. Elle existe dans notre propre esprit.

L'expression japonaise est *Butsu kojo homon* (littéralement, « Au-delà de Bouddha est la porte du Dharma »).

Corps et esprit sont unité

La pensée dualiste a séparé le corps de l'esprit : on soigne les maladies du corps d'un côté, les maladies de l'esprit de l'autre. Mais originellement le corps et l'esprit sont unité et c'est cette unité que l'on pratique en zazen. La posture du corps influence l'esprit et c'est pour cela que l'on insiste sur l'exactitude de la posture pendant zazen. Dans la plupart des méditations, même dans le bouddhisme, on n'enseigne pas la posture du corps, alors l'esprit ne s'éveille pas mais ne fait que créer de nouvelles illusions.

Pendant zazen, notre propre corps et notre propre esprit, ensemble, pratiquent le corps et l'esprit de Bouddha. Notre corps n'est pas séparé de notre esprit, notre esprit n'est pas séparé de l'esprit universel. En zazen, conjointement, tout cela se réalise naturellement. C'est l'éveil, l'unité corps-esprit.

L'expression japonaise est *Shin jin ichinyo.*

Sans but ni esprit de profit

Zazen se pratique sans but, pour rien. Zazen est au-delà de notre ego, du monde de la rémunération. Fixer un but à zazen, c'est le limiter, rechercher un profit en pratiquant zazen, c'est passer à côté de l'essentiel. Il n'y a ni gain matériel ni gain spirituel dans zazen. La véritable religion est la pratique sans but ni esprit de profit.

L'expression japonaise, très souvent employée, est *mushotoku.*

Ne pas saisir, ne pas rejeter

Ne pas chercher à saisir la vérité, ne pas chercher à rejeter les phénomènes. Ni l'inverse. Dans le monde social, on court après les phénomènes et on délaisse totalement la vérité éternelle. Dans le monde de la religion, on veut saisir la transcendance et on cherche à chasser les illusions et les désirs considérés comme impurs.

Quand on pratique zazen, on ne cherche pas à devenir quoi que ce soit ni à atteindre l'illumination, ni à s'approcher de Dieu. On ne cherche pas non plus à rejeter les phénomènes, les pensées, les émotions qui se produisent naturellement, ni à les saisir. Alors l'éveil se produit de lui-même.

Abandonner son corps et son esprit

Comme Socrate, maître Dogen a dit : « Etudier la Voie, c'est s'étudier soi-même. » Mais il a ajouté « s'étudier soi-même, c'est s'oublier soi-même », et finalement « s'oublier soi-même, c'est être certifié par toutes les existences ». La pratique se réalise avec son corps et son esprit mais pour investir totalement son corps et son esprit, il faut abandonner l'un et l'autre. Tout cela s'accomplit en même temps. C'est-à-dire qu'on ne s'étudie pas dans un premier temps pour s'oublier ensuite (erreur souvent commise dans le « zen psychologique »). La véritable étude est abandon. Quand le corps et l'esprit pratiquent totalement zazen, on oublie totalement le corps et l'esprit, alors toutes choses se manifestent naturellement et on est certifié par toutes les existences.

L'expression japonaise est *Shin jin datsu raku* (littéralement « corps et esprit rejetés ») et constitue l'enseignement essentiel de maître Nyojo à maître Dogen (voir la dernière partie de l'ouvrage).

La foi est non-deux

La foi n'est pas croyance. La foi surgit spontanément de la pratique. On peut avoir foi en beaucoup de choses, en Dieu, en Bouddha, en sa Patrie, en la science, en sa famille, etc. Dans le zen, la foi et l'objet de la foi ne sont pas séparés. Par la pratique de zazen, on réalise inconsciemment que notre esprit n'est pas séparé de l'esprit de Bouddha, de l'esprit universel : cela est la foi, le non-doute. La foi en son propre esprit, la foi en l'esprit de Bouddha. A ce moment-là, on est complètement seul et complètement en unité avec l'univers entier.

L'expression japonaise est *Shin jin funi* (ce n'est pas la traduction littérale mais le sens est équivalent).

La sagesse et la compassion sont unité

La sagesse seule est froide, elle peut être tranchante comme de l'acier. La compassion seule est faible, elle peut sombrer dans l'illusion. La Voie s'accomplit lorsque la sagesse et la compassion deviennent unité, lorsqu'elles surgissent spontanément d'une pratique authentique, sans but ni esprit de profit. Comment aider les autres : en utilisant sa sagesse. Que faire de sa sagesse : aider les autres. C'est la mise en œuvre de la liberté du zen.

LE ZEN EN PRATIQUE

En fait, de nos jours, la plupart des êtres humains se moquent de la Voie, du monde éternel et de l'éveil. Ce qui les intéresse, c'est d'avoir plus que ce qu'ils n'ont : plus d'argent, plus de pouvoir, plus de sexe, plus de santé, plus de tout. Quand ils ont une pratique religieuse, il s'agit souvent de superstition, de répétition de vieilles croyances, d'adoption de coutumes névrotiques, ou d'adhésion à des idéologies fanatiques et obscurantistes. Il faut le reconnaître, les principes du zen transmis par les patriarches, une grande majorité de nos contemporains n'en ont rien à faire et préfèrent prendre l'apéritif ou regarder la télévision.

Malgré cela, il y a des individus qui s'interrogent, qui ressentent que courir après les phénomènes extérieurs n'est pas suffisant et qu'il existe quelque chose de plus grand que leur propre ego limité, qu'il leur faut tourner le regard vers l'intérieur d'eux-mêmes. C'est ce qu'on appelle l'esprit d'éveil. Il se produit chez n'importe qui, même chez ceux aimant prendre l'apéritif, regarder la télévision, faire l'amour dès que possible, compter les billets de banque ou fréquenter les lieux saints. Tout le monde peut s'éveiller, quelles que soient ses illusions.

Quand l'esprit d'éveil est produit, on cherche la Voie. Et il arrive, de plus en plus fréquemment, que l'on rencontre la Voie du zen et que l'on décide de pratiquer. Que se passe-t-il ?

Le zen est à la fois très facile et très difficile. Très facile parce qu'il s'agit de l'expérience la plus simple, « seulement s'asseoir », sans rien y ajouter, et qu'ainsi on réalise directement la plus haute dimension de l'être humain, la religion d'avant la religion. Très difficile parce que nous sommes compliqués, que nous sommes attachés à nos désirs, nos illusions, nos complications, que l'on n'aime pas abandonner notre ego. Une phrase d'un ancien poème, le *Shin Jin Mei*, dit : « Pénétrer la Voie n'est ni facile ni difficile, mais il ne faut ni amour, ni haine, ni choix, ni rejet. »

En fait, quand on commence la pratique, nos motivations sont souvent multiples. En partie nous sommes animés par des questions essentielles mais nous sommes aussi à la recherche d'un mieux pour notre ego. Ce peut être de résoudre des problèmes psychologiques, de se relaxer, d'acquérir plus de concentration, plus d'énergie, plus de calme, etc. Parfois, on arrive aussi à la pratique par hasard, ou par curiosité. Si on continue la pratique, ce surplus tombe de lui-même, plus ou moins rapidement, les motivations s'affinent puis s'oublient. Il reste seulement la pratique, la posture de zazen, la posture d'éveil, dont chaque pratiquant ressent profondément l'authenticité dès le début.

Ce zazen, la pratique de la posture, transforme profondément notre vie. Il y a des bienfaits rapidement et clairement perceptibles et des changements plus profonds. Notre vie trouve un centre. Zazen, l'éveil, devient le guide qui nous tire, mais qui également nous bouscule.

Zazen nous bouscule d'abord physiquement. Au début de la pratique, la posture est presque toujours douloureuse, et même si ces douleurs s'estompent progressivement, conserver une posture exacte demande toujours un effort. Nous devons donc apprendre à patienter, à supporter les difficultés physiques, à faire des efforts. Zazen n'est cependant pas une mortification, et c'est pour cela qu'en Europe, nous n'adoptons pas le rythme de zazen qui pouvait être celui des moines de l'ancien temps.

Zazen bouscule aussi nos concepts, nos croyances, il fait tomber nos illusions. Selon les individus, cela se réalise différemment. Certains sont très attachés à leurs concepts, à leurs illusions. Ils aiment leurs propres problèmes, ils ont peur de perdre quelque chose en abandonnant ce à quoi ils s'agrippent. Un dicton zen dit : « Si vous ouvrez les mains, vous pouvez tout recevoir. » Pour d'autres cela est plus facile. Mais ce processus est constant, il n'y a pas un moment où l'on peut dire : « Je n'ai plus d'illusions. » Les illusions sont sans fin et les laisser passer constitue la pratique de la Voie. Une expression japonaise, *bonno soku bodai*, dit : « Les illusions deviennent éveil. » C'est ce que nous réalisons dans la vie quotidienne à partir de la pratique de zazen, où l'on peut se voir soi-même.

De plus, zazen ne propose pas de remplacer nos illusions personnelles par d'autres illusions. C'est peut-être ce qui est le plus difficile. Nous sommes toujours à la recherche d'une nouvelle croyance, d'un nouvel objet extérieur que l'on pourrait saisir. Alors, nous voulons ajouter quelque chose à zazen, nous aimerions que le zen soit bien défini afin d'y trouver un cadre et des règles bien précises. En fait, il y a de telles règles pour la pratique, par exemple dans un dojo, dans un temple, pendant des sessions ; d'ailleurs ces règles provoquent parfois des rejets, certains les trouvent trop strictes. Mais le zen ne propose pas d'interdictions, de règles précises de vie. Il y règne une atmosphère de grande liberté qui naît naturellement de la rigueur de la pratique. Cela est quelquefois déroutant pour ceux qui ont des idées préconçues sur ce que devrait être le zen.

Tout cela s'éclaircit de soi-même lorsqu'on continue la pratique. Si on veut à tout prix obtenir quelque chose, si on veut s'accrocher à ses propres idées, alors il est difficile de continuer. Si on laisse l'éveil se produire de lui-même, alors tout devient plus facile. Bien sûr, on ne résout pas tous les problèmes de sa vie comme par enchantement. Mais notre vie quotidienne change, notre présence, notre concentration dans chaque action, ici et maintenant, nos rapports aux événements, aux autres, à nos propres émotions, se modifient en profondeur. En trouvant un centre, peu à peu nous découvrons la Réalité telle qu'elle est et non plus au travers de nos attachements, de notre conscience discriminante. Notre vie s'organise différemment. On dit que « zazen, c'est retrouver sa véritable demeure ».

Seulement s'asseoir

Zazen consiste à s'asseoir silencieusement dans une posture corporelle correcte, dans un engagement total et sans rechercher quoi que ce soit. Cependant, et c'est un point essentiel, zazen n'est pas une technique pour arriver à un état particulier : la réalisation du zazen est le zazen lui-même. Le début et la fin, l'alpha et l'oméga sont inclus tout entiers dans la pratique de zazen. Aussi, bien que zazen puisse être décrit, il est indispensable de pratiquer sous la conduite d'une personne expérimentée afin d'en saisir toute la profondeur.

L'enseignement du zazen s'exprime en trois points : la posture du corps, la respiration, l'attitude de l'esprit.

LA POSTURE DU CORPS

La posture de zazen est la même que celle adoptée par le Bouddha Shakyamuni lors de son éveil. Il s'agit de s'asseoir les jambes croisées, le dos droit et de conserver cette posture sans bouger.

Pour cela, il importe de choisir un endroit calme et de porter des vêtements amples qui ne serrent ni le ventre ni les jambes. On pratique face au mur, ce qui facilite la concentration.

Le coussin (zafu)

Zazen se pratique sur un coussin appelé zafu (prononcer zafou). Ce coussin est rempli de kapok, une fibre végétale qui convient à cet usage. Le coussin est indispensable car il permet aux genoux de toucher le sol, en assurant la stabilité de la posture, et au dos de se redresser naturellement. Les anciens sutras relatent que le Bouddha, qui avait pourtant l'habitude des exercices yoguiques, se confectionnait un tel coussin avec de l'herbe afin de pratiquer zazen confortablement.

La hauteur du coussin doit être adaptée à la constitution du pratiquant. Quand un coussin est haut, il est en général plus facile de mettre les genoux sur le sol.

Le coussin qui permet de s'asseoir dans la posture de Bouddha est appelé le siège de diamant.

La position des jambes

La bonne position des jambes est soit le lotus complet, soit le demi-lotus.

Dans le cas du lotus complet le pied droit repose sur la cuisse gauche et le pied gauche repose sur la cuisse droite (ou l'inverse) : c'est la position la plus stable et la plus dynamique mais aussi la plus difficile. A vrai dire, rares sont les Européens qui peuvent l'adopter dès le début de la pratique, et même avec de l'expérience il s'agit d'une position exigeante lors de longues périodes de pratique.

Dans le cas du demi-lotus, le pied droit repose sur la cuisse gauche (ou l'inverse) tandis que l'autre jambe repose sur le sol.

En fait, dans un premier temps, l'important est de parvenir à croiser les jambes afin que les genoux appuient sur le sol. Cela peut paraître difficile mais, mis à part des handicaps avérés, la plupart des personnes y arrivent avec de la persévérance.

La position du bassin

C'est la clé d'une posture correcte. Le bassin doit être basculé vers l'avant, permettant au bas du corps d'appuyer sur la terre alors que le haut se dresse vers le ciel.

Pour cela le coussin est indispensable et il importe de s'asseoir bien en arrière sur celui-ci. Ainsi, lorsque l'on s'installe, une fois les jambes croisées, on se penche en avant et on ramène le coussin sous les fesses. Maître Kodo Sawaki disait que l'on doit avoir l'impression que l'anus est tourné vers le soleil.

Dans cette position, la colonne vertébrale se redresse naturellement sans qu'il y ait besoin de faire des efforts au niveau du bas du dos. L'assise repose sur trois points d'appui stables qui forment un trépied : les deux genoux et la zone située entre l'anus et les organes sexuels.

Cette bascule du bassin demande souvent un certain temps car nos conditions de vie font que, pour beaucoup d'entre nous, la partie basse du dos est souvent rigide.

La position du dos

A partir de cette assise stable qui presse sur le sol, le dos se redresse naturellement. Le dos droit signifie que l'on ne doit pas être avachi mais dressé vers le ciel. Pour autant, il ne faut pas être trop cambré : l'équilibre de la colonne part de la cinquième vertèbre lombaire, qui est la première vertèbre mobile après les vertèbres soudées du coccyx. Le haut du dos est également droit, les épaules légèrement rejetées en arrière, détendues et tombant naturellement.

Il faut aussi veiller à ne pencher ni en arrière, ni en avant, ni à droite, ni à gauche. Au XIIIe siècle, maître Dogen, dans son écrit sur « Les règles universelles de la pratique de zazen » (*Fukanzazengi*) préconisait de veiller à ce que « le nez et le nombril soient sur une même ligne verticale, et les oreilles et les épaules soient sur un même plan vertical ».

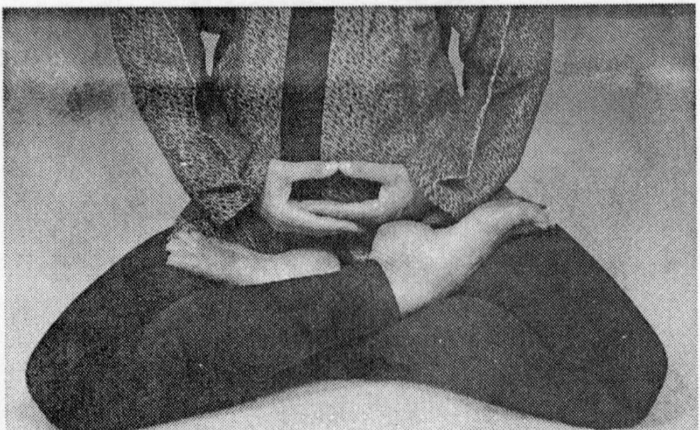

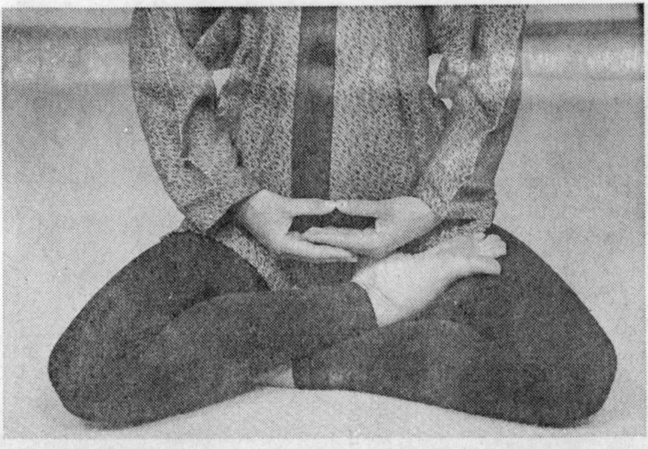

Le ventre

Le ventre est détendu, notamment la partie située sous le nombril. Grâce à la bascule du bassin, les organes internes peuvent trouver leur juste place sans être compressés. Cette position relâchée du ventre va à l'encontre de la recherche d'un ventre plat ou d'une belle musculation abdominale. Mais elle va de pair avec la méthode de respiration du zazen.

La position de la tête

La tete doit être droite et, comme le dos, ne pencher ni d'un côté ni de l'autre.

Deux expressions sont toujours répétées afin d'indiquer la juste position de la tête : « rentrer le menton, tendre la nuque ». Ce sont les deux premières expressions françaises que maître Deshimaru apprit en arrivant en Europe. Dogen, quant à lui, disait « les yeux horizontaux, le nez vertical ».

La nuque tendue et le menton rentré permettent de ne pas se laisser entraîner par ses pensées, de bien irriguer le cerveau, et d'en fortifier les couches profondes.

La bouche

La bouche est fermée, sans serrer inutilement les mâchoires. Le bout de la langue repose contre le palais, au niveau de la racine des dents de la mâchoire supérieure.

La respiration s'effectue par le nez.

Les yeux

Les yeux ne sont ni ouverts ni fermés. Le regard tombe naturellement devant soi, à environ un mètre, sans rien fixer de particulier.

Cette position des yeux est significative du zazen. En général, dans la vie quotidienne, nous avons les yeux grands ouverts, réceptifs aux stimuli du monde extérieurs. Lorsque nous fermons les yeux, si ce n'est pour dormir, nous pensons, nous imaginons; dans la plupart des méditations, les yeux sont également fermés pour se concentrer sur une image divine ou une prière ou une autre production de la conscience. En zazen, les yeux mi-clos signifient qu'on ne se laisse absorber ni par les productions intérieures, les pensées, les émotions, ni par les stimuli extérieurs. A ce moment-là, notre regard devient clair et nous pouvons voir toutes choses. C'est pour cela qu'après le zazen, le regard des pratiquants est toujours lumineux, limpide.

Cependant, au cours de la pratique, on peut temporairement fermer les yeux, ou au contraire les ouvrir, lorsque cela aide à la concentration et à l'apaisement, en fonction d'un état d'endormissement ou d'agitation.

Les bras et les mains

Les bras sont détendus et les coudes décollés du corps.

Les mains sont posées au niveau de l'abdomen, perpendiculairement à celui-ci, à quelques centimètres sous le nombril. Pour les débutants, il peut être utile d'utiliser une pièce de tissu (un foulard par exemple) afin de les caler.

La main gauche repose sur la main droite, les doigts se recouvrant, les paumes tournées vers le haut. Les pouces se touchent horizontalement : ils ne doivent former, dit-on, « ni montagne ni vallée », c'est-à-dire ni s'affaisser, ce qui traduit un relâchement, un assoupissement, ni former un V inversé par pression excessive, ce qui traduit la contraction, l'excitation.

La position des mains est un bon moyen de contrôler la justesse du zazen.

Cette position des mains est appelée *Hokkai-join*, ce qui signifie le « mudra de l'océan du Dharma ». Dans l'espace délimité par les pouces et les paumes est contenu l'univers entier.

L'attitude générale de la posture

Elle doit être dynamique, stable et calme. Les genoux doivent pousser la terre et le sommet du crâne doit pousser vers le ciel. Pour traduire le dynamisme, maître Deshimaru disait « il faut être comme un général sur son cheval », ou encore « ne soyez pas comme de la bière éventée ». Pour traduire l'apaisement, maître Sekito disait « détendez-vous complètement et laissez passer les siècles ».

Le début et la fin du zazen

Après s'être assis convenablement sur le coussin et avant d'adopter la position définitive, il est nécessaire de se pencher plusieurs fois de gauche à droite. Pour cela, on enserre chaque pouce dans chaque main et on les pause, paume vers le haut, sur chaque genou. On se balance alors de gauche à droite six à huit fois avec une amplitude décroissante, jusqu'à trouver la juste position verticale. Après avoir salué les mains jointes, on commence zazen en expirant une fois profondément.

A la fin du zazen, il importe également de procéder de même et de ne pas se lever brutalement. Comme au début, on enserre les pouces dans les mains, on se balance plusieurs fois, avec une amplitude croissante.

Les difficultés de la posture

La posture de zazen est une posture physiologiquement naturelle et saine. Il n'y a pas de recherche volontaire de difficultés ou de douleurs corporelles. Toutefois, du fait de l'état de notre corps et de l'influence de notre mode de vie, la posture présente parfois de réelles difficultés au début de la pratique.

Ainsi, certaines personnes arrivent à prendre la posture juste, c'est-à-dire à croiser les jambes et à avoir le dos droit, mais au prix de vives douleurs surtout si le temps du zazen est long. Il n'y a d'autres indications à donner que de continuer la pratique, le corps prenant l'habitude de la posture, les douleurs s'estomperont d'elles-mêmes.

Parfois il est impossible, au début, de croiser les jambes correctement. Ce peut être la conséquence d'un véritable handicap mais, pour la plupart, les impossibilités rencontrées lors des premières expériences de zazen sont passagères. Il faut alors accepter de faire zazen dans une posture inconfortable et attendre que peu à peu les muscles et les articulations se détendent (des exercices d'assouplissement peuvent y contribuer). Chacun doit s'exercer avec persévérance et patience, en fonction de ses propres problèmes corporels. L'important est de ne pas se figer dans une posture incorrecte, par exemple en s'asseyant en tailleur (les jambes de chaque côté du coussin), en refusant d'affronter ses difficultés de posture.

S'il s'agit de réelles impossibilités, il faut tendre,

à sa mesure, vers la posture et adopter ce qui peut l'être. Dans tous les cas, les conseils directs d'un ancien pratiquant vous aideront.

Pour des personnes physiquement très handicapées, maître Deshimaru disait que de faire *gassho* (saluer les mains jointes) profondément, avec tout son esprit, c'était réaliser l'unité de soi et de Bouddha.

LA RESPIRATION

Au début de la pratique, on enseigne peu au sujet de la respiration. Celle-ci doit s'effectuer par le nez, et non par la bouche. On laisse aller librement cette respiration, on en prend conscience, sans la bloquer, sans la forcer.

Peu à peu, au fur et à mesure que le corps adopte la posture de zazen, que les blocages se défont, que la détente s'installe, la respiration peut s'approfondir. Celle-ci est intimement liée à l'abdomen, surtout à la partie située sous le nombril. Pour que la respiration de zazen se mette réellement en place, il faut que cette zone soit relâchée et « ouverte ». C'est pourquoi il importe de croiser les jambes, de basculer le bassin vers l'avant, de tendre le bas du dos, et de détendre le ventre ; réalisé conjointement, cela permet d'« ouvrir » cette région du bas abdomen appelée *Hara* ou *Kikai tanden* (« océan de l'énergie »), où est localisé le centre vital de notre organisme selon la tradition extrême-orientale.

On apprend alors à se concentrer sur l'expiration qui doucement, paisiblement, devient plus longue. Pendant cette expiration, l'énergie se concentre dans le hara tandis que l'on fait comme si l'on « pressait les intestins vers le bas ». Il se produit naturellement une expansion du ventre sous le nombril *pendant* l'expiration, ce qui paraît contraire aux méthodes classiques de respiration abdominale. A la fin de l'expiration, l'inspiration courte et profonde se produit naturellement sans qu'il n'y ait aucun blocage de la respiration. Le cycle de la respiration s'allonge progressivement avec un temps d'expiration plus long où l'on expulse tout l'air contenu dans les poumons et un temps d'inspiration plus court.

Cette méthode de respiration est spécifique au zazen et, à l'époque contemporaine, elle a été essentiellement enseignée par maître Kodo Sawaki et maître Taisen Deshimaru, et maintenant par ses disciples. Nombreux sont les moines zen qui, au Japon, l'ignorent. Cette méthode, que l'on compare au meuglement d'une vache, accroît l'énergie, la stabilité, la concentration, et le calme. Par la répétition de la pratique, on devient progressivement intime avec cette respiration qui forme un tout avec la posture du corps et l'attitude de l'esprit ; cela influence notre vie quotidienne.

En effet, la respiration est liée à nos états de conscience et elle change par exemple lorsque l'on est soumis à un stress, à la colère, à un désir. Le fait d'être entraîné à cette respiration ample et profonde permet de nous maîtriser inconsciemment.

Voici quelques enseignements de maître Deshimaru à propos de la respiration.

« Pendant zazen, la respiration est toujours douce. Imperceptiblement, l'expiration se transforme en inspiration et l'inspiration en expiration très profonde. L'inspiration doit être rapide et énergique. Ainsi une activité fraîche surgit et pénètre profondément les poumons. Ne la bloquez pas. Autant que possible pratiquez une expiration longue, lente, profonde qui engendre ensuite une inspiration puissante et rapide. Dans la vie quotidienne, il en est de même. »

« Pour éloigner la tristesse, les souffrances, l'anxiété, la meilleure méthode est de se concentrer sur l'expiration. Avec une expiration longue et douce, on peut devenir calme, notre cerveau devient frais, la circulation du sang se renouvelle. »

« Si on se concentre sur une expiration longue, le point de changement entre inspir et expir devient sagesse. A cet instant, l'esprit devient calme, personne ne peut vous atteindre. Les personnes qui pratiquent les arts martiaux en ont aussi l'expérience. Le point médian entre l'expir et l'inspir est inflexible comme un joug. »

« La respiration doit être imperceptible. Si elle est ainsi, les pensées cessent, le corps et l'esprit s'harmonisent et la sagesse apparaît. On peut alors pratiquer la véritable observation de toute chose. La sagesse provient d'une longue expiration. Dans l'escrime ou le tir à l'arc on porte l'attaque à la fin de l'expiration. On vise alors plus justement. Par une longue expiration, le corps devient fort et les maladies prennent fin. Par une posture juste et une longue expiration, votre conscience devient infinie. L'intuition et la créativité apparaissent alors automatiquement. »

L'ATTITUDE DE L'ESPRIT

C'est le point le plus délicat de zazen. Que fait l'esprit, comment penser pendant zazen ?

Par exemple, dans la plupart des méditations, on concentre son esprit sur une représentation mentale qui prend la place de notre flot de pensées. Ce peut être une représentation divine ou un mandala. On peut également absorber son esprit avec la répétition d'une incantation (un mantra), ou en le concentrant dans une prière, ou encore en recherchant à résoudre un problème (ainsi la pratique des *koans* dans le zen Rinzai). Ce n'est pas le cas pendant zazen. On ne cherche pas à remplacer nos pensées ordinaires par autre chose. Mais on ne cherche pas non plus à « faire le vide », comme on l'entend souvent dire par des personnes qui commencent la pratique, pas plus qu'on ne cherche un état spécifique. A vrai dire, on ne cherche rien, on ne fait rien de particulier avec son esprit.

Pendant zazen, on se concentre avant tout sur la

posture. Sur tous les points de la posture. Ainsi que sur l'immobilité. Et également sur la respiration, sur l'expiration longue et profonde. Dès le début, nous sommes donc totalement vigilant, tout notre corps, toutes les cellules de notre corps sont vigilantes.

Alors des pensées apparaissent spontanément dans notre esprit. Nous n'essayons pas de les chasser. Nous n'essayons pas de nous dire « Je ne dois pas penser » ou « Ceci est une mauvaise pensée, je dois la chasser ».

Mais nous ne les entretenons pas, nous ne nous laissons pas attraper par elles. En général, une pensée en entraîne une autre. On peut voir facilement les idées défiler dans la tête des gens. Par exemple dans les transports en commun — ou dans bien d'autres situations —, la plupart des personnes sont absorbées dans leurs pensées. Elles semblent absentes — on dit d'ailleurs : « être perdu dans ses pensées ». Pendant zazen, nous sommes entièrement présent à notre posture, alors nous ne suivons pas nos pensées. Elles naissent de notre subconscient, nous ne les chassons pas, nous les laissons passer. C'est une expression que nous répétons souvent : « laissez passer les pensées ».

Quand on laisse passer les pensées, elles ne persistent pas. Elles sont suivies d'autres pensées. Celles-ci peuvent être tout à fait triviales, liées à notre vie quotidienne la plus matérielle — « Je ne dois pas oublier de faire les courses après le zazen » —, elles peuvent être associées à notre vie professionnelle ou à toute autre activité, elles peuvent être aussi des pensées ou des souvenirs qui expriment notre vie émotionnelle. Quand on commence zazen — c'est-à-dire au début du zazen ou si on est un débutant en zazen —, ou si notre vie sociale ou émotionnelle est très intense, beaucoup de pensées peuvent surgir ainsi. Quand on continue zazen, elles s'estompent. Mais d'autres se produisent, par exemple des pensées enfouies plus profondément dans notre subconscient. Ou encore des moments de compréhension, compréhension de choses intimes de notre vie, compréhension des enseignements, soit que l'on a lus ou entendus auparavant, soit que l'on entend par la bouche de la personne qui dirige le zazen. Tout cela également, on laisse passer.

Une phrase célèbre du *Sutra du diamant* dit : « Quand l'esprit ne s'arrête sur rien, le véritable esprit apparaît. » C'est en entendant cette phrase que celui qui allait devenir le sixième patriarche chinois, Eno, s'est éveillé. Elle décrit tout à fait l'attitude de l'esprit pendant zazen. L'esprit ne doit s'arrêter sur aucune pensée. Ni sur les pensées démoniaques, ni sur celles qui expriment nos préoccupations et nos souffrances, ni sur les pensées « divines », les pensées d'« éveil » qui expriment une intime compréhension ou une joie profonde. Alors, quand notre esprit ne s'arrête sur rien, il n'est plus limité par ce sur quoi il s'arrêtait, il devient libre, il s'ouvre et peut s'harmoniser avec l'esprit universel. C'est ce que le sutra exprime par « le véritable esprit apparaît ».

Kontin et sanran

Il y a deux obstacles pendant zazen, ou plutôt deux côtés dans lesquels on peut verser comme l'on peut pencher à droite ou à gauche. L'un est appelé *kontin*, lorsque l'esprit s'obscurcit et sombre dans la somnolence. L'autre est appelé *sanran* lorsque l'esprit est dispersé, que l on est énervé, envahi par les pensées.

Lorsque l'on débute, ou que l'on a beaucoup de préoccupations, on a plutôt tendance à « être sanran ». C'est d'ailleurs la condition générale de notre civilisation matérialiste, avec le stress, la surinformation, l'éducation du mental. Les pensées affluent à l'esprit, on ne peut s'empêcher de penser. Cela se traduit au niveau de la posture. Nous sommes tendus, les épaules remontent, la tête part en arrière, les pouces forment un V inversé. Il faut alors se concentrer sur la posture et l'expiration, veillez à relâcher les tensions du corps, on peut momentanément fermer les yeux, et continuer zazen. Comme lorsqu'on laisse reposer un verre d'eau boueuse, la boue se dépose peu à peu au fond du verre et l'esprit devient clair comme l'eau.

L'état de kontin correspond à la non-pensée, lorsque l'esprit rêvasse, s'obscurcit et s'endort. Cela survient évidemment lorsque l'on est fatigué, ou lorsqu'on continue zazen longtemps, lorsqu'on a l'habitude de zazen. A ce moment-là la posture s'affaisse, le dos s'arrondit, la tête part en avant, les pouces tombent. Lorsqu'on s'endort complètement, on a l'impression de partir brusquement en avant ou en arrière. C'est un obstacle majeur pour les personnes qui pratiquent très longtemps, comme cela se faisait autrefois dans les temples, et pour ceux à qui on n'a pas enseigné la posture correcte. On adopte alors une posture confortable, avachie et, au lieu de faire zazen, on dort. En revanche, pour les personnes très tendues, qui ont donc tendance à la condition de sanran, il est normal et sain que, après un certain temps, on expérimente la condition de kontin ; c'est le signe d'un retour à l'équilibre. Toutefois, lorsque l'esprit sombre dans kontin, il est nécessaire de veiller à la rectitude de la posture, de se redresser et de garder l'esprit éveillé en s'observant soi-même. On peut se concentrer sur les pouces ou sur le sommet du crâne.

Dans les deux cas, kontin et sanran, il est bon de demander le *kyosaku* (le bâton d'éveil : voir le chapitre « La pratique dans un dojo ») qui aide à revenir aux conditions normales, c'est-à-dire à s'éveiller si on somnole et à se calmer si on pense trop.

Hishiryo, la conscience de l'éveil

Le terme pour désigner la conscience juste de zazen est *hishiryo*. Dans le *Fukanzazengi*, maître Dogen décrit la pratique de zazen et pour l'attitude de l'esprit il dit : « Pensez du tréfonds de la non-pensée. Comment pense-t-on du tréfonds de la non-pensée ? C'est hishiryo, au-delà de la pensée. Cela en soi est l'art essentiel du zazen. »

Dans ce passage, Dogen utilise le terme *shiryo* qui signifie pensée, *fushiryo* qui signifie non-pensée (*fu* est la négation) et hishiryo qui est un terme spécifique au zen que l'on traduit par « au-delà de la pensée ». Son origine est un dialogue entre le maître zen chinois Yakusan et un de ses disciples. Un jour après le zazen, un moine demande à Yakusan :

— Pendant zazen, que faites-vous alors que vous ressemblez à une montagne immobile ?

— Je pense (shiryo) au sujet de la non-pensée (fushiryo).

— Mais comment penser au sujet de la non-pensée ?

— Hishiryo, répondit Yakusan.

Hishiryo est la conscience pendant zazen, la pratique de la pensée au sujet de la non-pensée, au-delà de l'une et l'autre. Hishiryo est au-delà de notre conscience personnelle, c'est s'ouvrir à la conscience universelle, à l'esprit de Bouddha, à notre nature originelle, à Dieu.

Pendant zazen, nous laissons les pensées naître naturellement de la non-pensée, et ces pensées naturellement disparaissent. Tout ce qui apparaît disparaît. Nous ne faisons rien. Nous laissons les choses, les pensées, se produire naturellement. Nous ne cherchons pas à obtenir quoi que ce soit, nous n'avons aucun but, nous ne cherchons pas à devenir Bouddha. Nous sommes totalement présent dans notre posture, dans notre respiration, le regard tourné vers l'intérieur. Zazen est comme un miroir sans tache. Nous pouvons nous observer nous-même. Nous sommes en harmonie avec l'univers entier et nous pouvons réaliser intimement qu'il n'y pas séparation avec notre esprit ordinaire.

Tout est libre et naturel. Complètement immobile, toutes les cellules de notre corps sont éveillées, et notre esprit n'est plus attaché à rien. Nous pouvons nous oublier nous-même et toutes choses. Automatiquement, ici et maintenant, notre nature originelle et insaisissable se manifeste d'elle-même. C'est hishiryo, l'au-delà de la conscience qui s'actualise dans l'instant. C'est zazen, la pratique de l'éveil de Bouddha, transmise par des générations de patriarches. C'est de cela que traitent tous les enseignements des bouddhas et Patriarches : la non-séparation entre notre corps et notre esprit éphémères et le monde éternel et non-produit d'où surgissent toutes les existences.

Maître Wanshi écrit : « Cela est semblable au poisson qui nage librement dans une eau transparente ; cela est semblable à l'oiseau qui vole librement dans le ciel sans limites. »

KIN HIN

Kin hin est le zazen en mouvement, le prolongement de zazen en marchant. Dans un dojo, kin hin se déroule au milieu d'une séance de zazen — par exemple pour un zazen d'une heure, kin hin a lieu au bout d'une demi-heure et dure environ cinq minutes — et permet donc de soulager les jambes tout en gardant la concentration et la conscience de zazen. Cependant, ce n'est pas un complément de zazen, une sorte de récréation entre deux périodes d'immobilité, mais bien un zazen en action que l'on peut d'ailleurs pratiquer facilement en tout lieu pendant quelques minutes — il suffit d'être seul et il ne nécessite pas de coussin — ce qui permet de retrouver la stabilité de zazen pendant notre vie quotidienne.

Kin hin est difficile à pratiquer, non pas parce qu'il peut se révéler douloureux comme peut l'être zazen, mais parce qu'il faut une certaine habitude pour que le corps comprenne sa posture et la façon d'avan-

cer en rythme avec la respiration. C'est pourquoi kin hin ne peut s'enseigner que par la pratique.

Kin signifie la trame d'un métier à tisser et *hin* veut dire marcher. La trame d'un métier à tisser évoque la façon dont on circule dans un dojo, en suivant des lignes droites.

La posture générale du corps

L'attitude générale du corps est semblable au zazen mais en posture debout et non assise. Le dos est bien droit avec de la vigueur au niveau des reins, la nuque tendue, le menton rentré. Les yeux, comme pendant zazen, sont mi-clos, le regard tombant naturellement devant soi avec un angle d'environ 45°. On ne regarde ni à droite ni à gauche. La masse abdominale est détendue.

La position des bras et des mains

Le poing gauche est fermé, le pouce à l'intérieur. On pose la racine du pouce contre la poitrine, au niveau du sternum, c'est-à-dire juste en dessous du creux que font les côtes, la paume tournée vers le bas. La main droite recouvre complètement la main gauche en gardant les doigts serrés les uns contre les autres.

Les avant-bras sont horizontaux, les épaules détendues. Les poignets sont légèrement « cassés » afin que les mains appu ent bien l'une contre l'autre, ils sont symétriques.

La manière d'avancer

Kin hin est une marche rythmée par la respiration. Il y a un temps d'arrêt, avec une tension, sur l'expiration, et un temps où l'on avance, au moment de l'inspiration.

On commence par avancer le pied droit d'un demi-pas, puis on fait passer progressivement tout le poids du corps sur cette jambe droite qui est en avant. On presse bien le sol avec le pied, en particulier avec la zone située à la racine du gros orteil. On tend la jambe, le mollet, le genou, la cuisse, la hanche. Tout cela se réalise sur l'expiration qui, comme pendant zazen, est longue, profonde, imperceptible, silencieuse et provoque une extension d'énergie dans l'abdomen sous le nombril, où se situe le centre de gravité. Dans le même temps, on presse les mains l'une contre l'autre, et contre le sternum, en veillant à ne pas remonter les épaules. Il s'agit donc d'une période de tension progressive, de concentration de l'énergie, accompagnée par l'expiration.

A la fin de l'expiration, le corps se détend, on laisse l'inspiration se produire naturellement, et on avance d'un demi-pas. Ce temps est court. Puis on recommence l'expiration avec le poids du corps qui passe sur la jambe qui est maintenant en avant. L'autre jambe reste décontractée, le pied restant en contact avec le sol.

La marche de kin hin ressemble à celle d'un canard avec le poids du corps qui passe successivement d'une jambe sur l'autre. Toutefois, il ne doit pas y avoir de déhanchement excessif. Kin hin confère une grande stabilité, une grande tranquillité à la position debout. Maurice Béjart, qui a pratiqué avec maître Deshimaru disait que kin hin est l'« essence de la posture debout ».

La concentration pendant kin hin

La respiration et l'attitude de l'esprit sont les mêmes pendant kin hin que pendant zazen. La respiration, une fois que l'on a compris le principe de la marche, est d'ailleurs souvent plus facile à pratiquer pendant kin hin.

La concentration se fait sur tous les points de la posture. On veille plus précisément à la position des mains et des doigts, qui ne doivent pas s'écarter. Une grande énergie se concentre dans les mains au moment de l'expiration. On veille également à la position du pied placé en avant, fermement implanté dans le sol, notamment avec ce point de pression situé à la racine du gros orteil. La position de la tête, la nuque tendue, est toujours importante.

La tension pendant l'expiration manifeste la concentration de l'énergie et non une crispation des muscles. Il faut veiller à garder les épaules relâchées : l'énergie ne doit pas rester « coincée » en haut du corps mais descendre sous le nombril.

Kin hin dans un dojo

Kin hin se pratique quand on entend les deux coups de cloche. On fait alors *gassho* (le salut les mains jointes : voir le chapitre « La pratique dans un dojo »), et on se lève de zazen après s'être balancé de gauche à droite six à huit fois dans une amplitude croissante. Il faut faire attention en se levant car souvent, notamment pour les personnes qui débutent, les jambes sont engourdies. On range son zafu contre le mur, en le remettant en forme avec les jambes bien tendues, ce qui chasse l'engourdissement.

On se place alors derrière la personne située à sa droite, sans être trop près si le nombre de participants le permet, kin hin se pratiquant en file indienne. Quand on arrive au bout d'un côté du dojo, on tourne à angle droit.

La fin du kin hin est signalée par un coup de cloche. Après s'être légèrement penché en avant pour saluer, on regagne alors sa place en faisant le tour du dojo et en suivant la personne qui nous précède. On pose alors les mains à plat sur l abdomen, et on marche à une allure naturelle.

La pratique de kin hin

Il en va de la pratique répétée de kin hin comme de celle de zazen : elle influence le comportement quotidien, en permettant d'abord d'acquérir un maintien juste dans les activités les plus courantes. Maître Deshimaru insistait beaucoup sur la dignité et la noblesse qui émanent de la posture de kin hin. Il faut d'ailleurs signaler que c'est essentiellement dans la lignée de Kodo Sawaki et Taisen Deshimaru que la posture de kin hin est enseignée avec précision.

Pendant kin hin nous avançons fermement dans le monde en étant complètement concentré en nous-même totalement vigilant. Notre conscience s'élargit alors naturellement.

LES ETATS DE ZAZEN

La philosophie bouddhiste a classifié les conditions de l'existence en plusieurs zones appelées les dix royaumes. Six d'entre eux correspondent au monde de l'illusion, au monde des êtres ordinaires, au cycle de la naissance et de la mort (samsara). Les quatre autres appartiennent au monde des sages, au monde des êtres engagés dans la Voie.

Les six premiers royaumes sont eux-mêmes divisés en deux groupes de trois. Trois royaumes correspondent à de mauvaises conditions d'existence, trois à de bonnes.

Les trois « mauvais » royaumes, ou royaumes inférieurs, sont :

— Le *naraka*, c'est-à-dire l'enfer. Dans cette condition, la souffrance, morale et physique, est omniprésente. L'esprit est tourmenté, noyé dans une perpétuelle confusion, le corps est brisé, torturé.

— Le royaume des *pretas*, ou esprits affamés. Les *pretas* (*gakis* en japonais) sont représentés par des êtres ayant un énorme ventre et une toute petite bouche, pas plus grande que le chas d'une aiguille. Continuellement affamés, ils sont entièrement possédés par la convoitise, l'envie, l'avidité, la jalousie.

— Le royaume des animaux. Les êtres sont alors seulement guidés par des désirs animaux, désir de nourriture, désir de sexe, tandis que leur esprit est inerte, pris dans la torpeur.

Les trois « bons » royaumes, ou royaumes supérieurs, sont :

— Le royaume des *asuras*, ou des guerriers, des êtres combatifs. L'agressivité, le désir de gagner, d'être le meilleur dominent dans cette condition d'existence (parfois placée dans les « mauvais » royaumes).

— Le royaume des êtres humains. Les êtres sont occupés par les circonstances de la vie, la vie familiale, la vie sociale et professionnelle.

— Le royaume des *devas*, des divinités. Les *devas* sont des êtres célestes qui vivent dans la félicité, c'est une condition de bonheur personnel et d'auto-contentement.

Ces six royaumes sont parfois compris comme les six états dans lesquels se réalisent les renaissances. En fonction de ses actes, de son karma, bon ou mauvais, on renaît dans l'une de ces conditions ; par exemple, lorsque l'on fait preuve de cupidité toute sa vie, notre naissance future prend forme dans le royaume des pretas, des êtres affamés. L'ensemble forme le samsara, le cycle de la vie et de la mort, le cycle des renaissances.

La condition de félicité des divinités fait partie de ce cycle.

En fait, dans l'enseignement réel du bouddhisme, ces états correspondent à des conditions transitoires de notre esprit que l'on traverse successivement, tant au cours de la journée, qu'au cours de notre vie. Selon les individualités, selon les périodes de la vie, tel ou tel état peut prédominer. En se regardant soi-même, chacun peut comprendre qu'il est animé momentanément par l'une ou l'autre de ces conditions d'existence. Nous devons aussi réaliser que, traversant chaque état, nous voyons le monde au travers de cet état. Parfois nous le voyons avec les yeux de la souffrance, parfois avec ceux de la convoitise, du désir sexuel, de l'envie de gagner (très répandue dans notre civilisation contemporaine), de nos préoccupations familiales, de notre bonheur actuel. S'éveiller, c'est s'affranchir de cette vision conditionnée par un état transitoire.

Les quatre autres royaumes correspondent à des états qui s'actualisent chez les êtres qui pratiquent la Voie. Ce sont :

— L'état de *Sravaka*, de disciple. On pense comprendre la nature de l'éveil, l'état de Bouddha, mais il s'agit d'une compréhension intellectuelle, d'une connaissance ou d'une intuition. Cette compréhension que l'on croit acquise n'est pas réalisée.

— L'état de *Pratyeka-Bouddha*, ou de Bouddha-pour-soi, ou de Bouddha solitaire. Cet état est le résultat d'une pratique solitaire, sans suivre un enseignement, sans confrontation avec d'autres pratiquants. On réalise un certain éveil, mais on s'enferme dans la rigidité, sans compassion pour les autres.

— L'état de *Bodhisattva*. Il correspond à l'idéal

du bouddhisme Mahayana. L'esprit comprend la nature de l'éveil mais reste avec tous les autres êtres sensibles, afin de leur apporter le salut.

— L'état de *Bouddha.* C'est l'état le plus élevé, l'éveil se réalise, il n'y a plus rien et tout s'accomplit librement.

Pendant zazen, comme pendant notre vie de pratiquant de la Voie, nous traversons sans cesse ces dix royaumes. Un zazen empli par la douleur et les pensées incessantes, où l'esprit est simplement absorbé par l'attente de la fin du zazen, correspond à l'état de naraka. Le zazen où l'on désire acquérir le satori, des conditions spéciales de l'esprit est celui des pretas, des êtres avides. Le zazen où l'on est saisi par la torpeur, l'esprit sombrant dans des phantasmes sexuels est le zazen animal. Celui où l'on pratique avec raideur, convaincu de faire un « meilleur » zazen que le voisin est la manifestation de l'état d'asura. Le zazen correspondant à la condition d'être humain est celui où, tout en étant correctement assis, on est absorbé par ses préoccupations quotidiennes que l'on essaie de résoudre. Celui de devas est l'état d'autocontentement lorsque la posture ne pose pas de problème et que l'esprit se complaît dans l'autosatisfaction.

Les états de Sravaka et de Pratyeka-Bouddha sont ceux où l'on a la certitude de réaliser le véritable zazen, la véritable bouddhéïté, alors que la compréhension n'est qu'intellectuelle dans le premier cas, dogmatisme et rigidité dans le deuxième. Les deux derniers états, Bodhisattva et Bouddha, correspondent au zazen sans objet, à la conscience hishyrio.

Cette classification est issue de l'école Tendai du bouddhisme, beaucoup plus versé dans ce genre d'analyse que le zen proprement dit. Elle est cependant très intéressante pour approfondir et comprendre intimement les états que nous vivons en zazen et dans notre existence quotidienne. Ces états peuvent se succéder rapidement et dans le désordre au cours d'un même zazen. Cependant, il n'est pas nécessaire de se demander tout le temps quel état nous traversons. En se concentrant pendant zazen sur la posture et la respiration, ces états apparaissent et s'évanouissent d'eux-mêmes. Par le miroir de zazen, chacun de ces états retrouve sa liberté et devient la manifestation de la nature de Bouddha.

LES BIENFAITS DE ZAZEN

Lorsqu'on demandait à maître Kodo Sawaki pourquoi il pratiquait zazen, il répondait : « Pour rien, je pratique zazen sans but. » Cette réponse avait fortement marqué le jeune Deshimaru qui était alors en pleine recherche existentielle et fut un élément important dans sa détermination à poursuivre la pratique. Dans ce monde, toutes les activités sont orientées pour atteindre un objectif, et cet état d'esprit est particulièrement vif dans notre civilisation où l'esprit de compétition et de productivité est mis en avant, et cela dès la plus jeune enfance.

Ainsi, même dans le domaine des pratiques destinées à promouvoir la qualité d'être, et non pas à acquérir des biens matériels, il y a cette idée d'enrichissement. On parle ainsi de développement personnel et on s'engage dans une pratique — que ce soit la méditation, les gymnastiques chinoises, le yoga, etc. — avec l'intention de développer sa concentration, ses facultés de relaxation, d'améliorer son énergie vitale, de renforcer sa santé, de résoudre des problèmes psychologiques, etc. Aujourd'hui, ce type de démarche est très répandu, et certains collectionnent les expériences de pratique en espérant un enrichissement de leur être. Même dans la recherche spirituelle, l'idée de gain est présente, sous la forme de pouvoirs spirituels, de l'espoir d'accéder à un monde meilleur après la mort.

Le zazen le plus élevé se pratique quant à lui pour rien. C'est ce qu'on appelle *mushotoku*, sans but ni esprit de profit. Certes, quand on commence la pratique, c'est généralement pour acquérir certains bienfaits, mais si on continue en suivant l'enseignement alors cette motivation d'enrichissement se dissout d'elle-même, naturellement. On réalise que zazen n'apporte rien à l'ego, qu'il est au contraire abandon de l'ego. Fixer un but, un objectif, à zazen, c'est le limiter. Zazen lui-même est sans limite et sa pratique se suffit à elle-même. Mais lorsqu'on pratique avec cet esprit *mushotoku*, lorsqu'on fait zazen pour zazen, alors zazen produit de multiples bienfaits qui transforment profondément notre vie.

L'influence de zazen sur la santé

En restaurant l'unité du corps et de l'esprit, la pratique de zazen a des effets concrets sur l'état global de notre santé, bien que zazen ne puisse être considéré comme une méthode thérapeutique. Les études scientifiques ont par exemple mis en évidence le changement de plusieurs paramètres physiologiques pendant la pratique qui vont tous dans le sens d'un retour à un meilleur équilibre général du corps et de l'esprit. C'est le cas du rythme respiratoire, du rythme cardiaque, du pH sanguin, du métabolisme gazeux, de la tension musculaire, des ondes cérébrales.

Les enregistrements électroencéphalographiques, effectués par plusieurs équipes au Japon et plus récemment à la clinique neurologique de Zurich, ont ainsi montré une augmentation des ondes alpha, correspondant à l'état de détente, et des ondes thêta, associées au sommeil bien que le sujet reste éveillé, pendant la pratique. Cette modification de l'activité cérébrale qui indique un état de détente profond, s'accompagne d'une activation de zones situées plus en bas et plus en arrière de la tête.

L'étude menée à Zurich a également mis en évidence un phénomène intéressant. Des stimuli sonores étaient produits pendant la pratique. Certains de ces sons revenaient fréquemment, d'autres, de tonalité différente, étaient présentés de façon rare et imprévisible. Normalement, nous réagissons différemment à ces deux types de stimuli et ces réactions se traduisent au niveau de certains enregistrements cérébraux. Dans le cas de l'étude, il s'est avéré que les pratiquants de zazen réagissaient de manière semblable quelle que soit la nature du signal sonore. Cela signifie que le cerveau, tout en étant attentif et réceptif aux stimuli extérieurs, n'émet pas de jugement par rapport à ces stimuli ; cela est vrai également vis-à-vis des stimuli intérieurs comme les pensées, même si on ne peut pas l'enregistrer.

L'ensemble de ces études sur le fonctionnement du cerveau montre que celui-ci revient à un état de calme et de vigilance pendant zazen dont il est à la fois évident qu'il est nécessaire à un bon équilibre général et qu'il est peu cultivé dans notre société où les sollicitations sont permanentes. D'autres indications montrent que la pratique de zazen a de nombreux effets physiologiques bénéfiques. C'est par exemple la diminution du besoin calorique, que tous les pratiquants peuvent remarquer avec l'augmentation de la chaleur interne pendant zazen, malgré l'immobilité du corps. C'est la respiration abdominale qui provoque un automassage et un renforcement des organes internes, et qui a sans doute de nombreux autres effets. C'est la posture du dos qui retrouve sa rectitude et qui fortifie les muscles responsables du maintien.

En terme de médecine chinoise, zazen participe également à un meilleur équilibre général. La posture avec le dos redressé et le croisement des jambes favorise la circulation de l'énergie qui est renforcée par la concentration de la respiration dans le hara, la partie du ventre située sous le nombril.

Ainsi, les approches médicales de zazen confirment ce que ressentent tous les pratiquants, c'est-à-dire qu'il fortifie la vitalité, et les facultés de récupération et d'adaptation.

Zazen, baromètre de la santé

Zazen — c'est-à-dire cette totalité qui englobe la posture du corps, la respiration, et l'attitude de l'esprit — est également un excellent reflet de notre état de santé. Les difficultés et les tensions révélées par la posture, les blocages de la respiration, les pensées et les impressions qui surgissent dans notre esprit sont ainsi de précieux révélateurs des conditions du moment de notre corps-esprit.

Chacun d'entre nous affronte par exemple des types de difficultés qui lui sont propres, liées à sa constitution, à son état physique, émotionnel et psychologique général, à son karma en quelque sorte. Par ailleurs de longs zazen peuvent se ressentir au niveau des genoux, des chevilles ou du dos, et cela est normal. Cependant, zazen va aussi mettre en évidence les faiblesses actuelles de notre organisme.

Des organes internes en état de vide ou d'excès d'énergie peuvent ainsi engendrer des tensions dans certaines parties du corps selon les lois de projection de la réflexologie ou de l'acupuncture. Certaines impressions colorées peuvent être également le résultat de la situation de nos organes internes. La difficulté à bien expirer, outre le manque d'habitude ou une mauvaise posture du bassin, traduit souvent des tensions au niveau de l'estomac, conséquence de stress divers. Notre état général de fatigue ou d'épuisement du système nerveux se ressent dans le tonus de la posture et dans notre stabilité pendant le kin hin. L'afflux de pensées ou d'émotions est le reflet de nos préoccupations psychologiques ou émotionnelles.

Ce rôle de révélateur, de baromètre, de notre santé physique et psychologique qu'opère zazen est un très bon moyen pour prendre conscience de son propre état et pour le corriger. D'une part la pratique de zazen elle-même aide au retour à l'équilibre : le fonctionnement des organes internes est favorisé par la posture et la respiration qui accroît notre énergie vitale, nos problèmes psychologiques et émotionnels perdent naturellement de leur importance par l'accès de notre conscience à une plus grande stabilité. D'autre part cette prise de conscience nous permet de mieux gérer notre vie, que ce soit en terme d'hygiène de vie ou de prise en charge de soi-même.

Joie spirituelle et authentique liberté

Les véritables bienfaits de zazen ne se mesurent toutefois pas en terme de santé, physique ou mentale. Zazen n'est pas une technique mais l'accès direct à la dimension la plus élevée de notre existence, au bonheur et à la paix. Par la pratique, une grande joie spirituelle et un sentiment d'authentique liberté naissent spontanément. Cette joie spirituelle n'est pas une transe mystique mais l'expression de la paix profonde de notre nature originelle qui n'est pas séparée de la nature de Bouddha, du cosmos tout entier, du monde éternel. Cette authentique liberté n'est pas celle d'un ego qui manifeste sans contrainte sa folie, mais celle d'un esprit qui se libère de ses attachements dans le respect de toutes les existences.

Alors la vie devient un merveilleux cadeau dont on peut savourer chaque instant, ici et maintenant. Cette vie redevient simple, en harmonie avec notre environnement, avec les êtres sensibles et toute la nature. Notre réflexion s'approfondit, notre esprit devient humble et compatissant, nous retrouvons le sens de la dignité et de l'émerveillement. Ce sont les bienfaits impalpables de l'éveil qui se manifeste par lui-même.

Aider tous les autres

Ces bienfaits ne se limitent pas à nous-même mais se propagent à toutes les existences. L'esprit de nos proches, de notre entourage en est profondément touché, même si cela est inconscient. Pour la totalité des êtres sensibles qui errent dans des dédales obscurs, la lumière de zazen est un bienfait incommensurable. Si vous pratiquez zazen, ne serait-ce qu'une seule fois, cette influence se diffusera jusqu'au fond du cosmos comme le son d'une cloche qui résonne librement dans l'espace vide.

FUKANZAZENGI

(Règles universelles pour la pratique de zazen) de maître Dogen

Le Fukanzazengi *a été le premier texte rédigé par maître Dogen, le fondateur du zen au Japon, à son retour de Chine (voir le chapitre qui lui est consacré dans la dernière partie de cet ouvrage). C'est un des textes essentiels du zen qui est traditionnellement récité pendant le zazen du soir dans les temples japonais. C'est un texte relativement accessible — ce qui n'est pas toujours le cas avec Dogen — même s'il nécessiterait quelques commentaires. Il exprime la dimension du véritable zazen.*

La Voie est fondamentalement parfaite. Elle pénètre tout. Comment pourrait-elle dépendre de la pratique et de la réalisation ? Le véhicule du Dharma est libre et dégagé de toute entrave. En quoi l'effort concentré de l'homme est-il nécessaire ? En vérité, le

Grand Corps est bien au-delà de la poussière du monde. Qui pourrait croire qu'il existe un moyen de l'épousseter ? Il n'est jamais distinct de quiconque, toujours exactement là où l'on est. A quoi bon aller ici ou là pour pratiquer ?

Cependant, s'il y a un fossé, si étroit soit-il, la Voie reste aussi éloignée que le ciel l'est de la terre. Si l'on manifeste la moindre préférence ou la moindre antipathie, l'esprit se perd dans la confusion. Imaginez une personne qui se flatte de comprendre et qui se fait des illusions sur son propre éveil, entrevoyant la sagesse qui pénètre toutes choses, joint la Voie et clarifie l'âme, et fait naître le désir d'escalader le ciel lui-même : celle-là a entrepris l'exploration initiale et limitée des zones frontalières mais son action est encore insuffisante sur la voie vitale de l'émancipation absolue.

Ai-je besoin de parler du Bouddha, qui était en possession de la connaissance innée ? On ressent encore l'influence des sept semaines qu'il vécut, assis en lotus dans une immobilité totale. Et Bodhidharma, dont la transmission du sceau jusqu'à nos jours a conservé le souvenir de ses neuf années de méditation devant le mur ? Puisqu'il en était ainsi avec les saints d'autrefois, comment les hommes d'aujourd'hui peuvent-ils se dispenser de négocier la Voie ?

Vous devez en conséquence abandonner une pratique fondée sur la compréhension intellectuelle courant après les mots et vous en tenant à la lettre. Vous devez apprendre le demi-tour qui dirige votre lumière vers l'intérieur pour illuminer votre vraie nature. Le corps et l'âme d'eux-mêmes s'effaceront, et votre visage originel apparaîtra. Si vous voulez atteindre l'éveil, vous devez pratiquer l'éveil sans tarder.

Pour zazen une pièce silencieuse convient. Mangez et buvez sobrement. Rejetez tout engagement et abandonnez toute affaire. Ne pensez pas « ceci est bien, cela est mal », ne prenez parti ni pour ni contre. Arrêtez tous les mouvements de l'esprit conscient. Ne jugez pas des pensées et des perspectives. N'ayez aucun désir de devenir un Bouddha. Zazen n'a absolument rien à voir avec la position assise ou la position allongée.

A l'endroit où vous avez l'habitude de vous asseoir, étendez une natte épaisse et placez un coussin dessus. Asseyez-vous en lotus ou bien en demi-lotus. Dans la position du lotus, vous placez d'abord votre pied droit sur votre cuisse gauche, et votre pied gauche sur votre cuisse droite. Dans la position du demi-lotus, vous vous contentez de presser votre pied gauche sur votre cuisse droite.

Veillez à desserrer vos vêtements et votre ceinture, arrangez-les convenablement. Placez alors votre main droite sur votre jambe gauche et votre main gauche (tournée vers le haut) sur votre main droite ; les extrémités des pouces se touchent. Asseyez-vous bien droit, dans l'attitude corporelle correcte, ni penché à gauche, ni penché à droite, ni en avant, ni en arrière. Assurez-vous que vos oreilles sont dans le même plan que vos épaules et que votre nez se trouve sur la même ligne verticale que votre nombril. Placez la langue en avant contre le palais ; la bouche est fermée, les dents se touchent. Les yeux doivent rester toujours ouverts et vous devez respirer doucement par le nez.

Quand vous avez pris la posture correcte, respirez

profondément une fois, inspirez et expirez. Inclinez votre corps à droite et à gauche; et immobilisez-vous dans une position assise stable. Pensez du tréfonds de la non-pensée. Comment pense-t-on du tréfonds de la non-pensée? C'est au-delà de la pensée (Hishiryo). Cela en soi est l'art essentiel du zazen.

Le zazen dont je parle n'est pas l'apprentissage de la méditation, il n'est rien d'autre que le Dharma de paix et de bonheur, la pratique-réalisation d'un éveil parfait. Zazen est la manifestation de l'ultime réalité. Les pièges et les filets ne peuvent jamais l'atteindre. Une fois que vous avez saisi son cœur, vous êtes semblable au dragon quand il arrive dans l'eau et semblable au tigre quand il pénètre la montagne. Car il faut savoir qu'à ce moment précis (quand on pratique zazen), le vrai Dharma se manifeste et que dès le début on écarte le relâchement physique et mental et la distraction.

Quand vous vous relevez, remuez doucement et sans déplacer la tête, calmement et délibérément. Ne vous relevez pas subitement ou brusquement. Quand on jette un regard sur le passé, on s'aperçoit que la transcendance à la fois de l'illumination et de la non-illumination, que mourir assis ou debout, a toujours dépendu de la vigueur du zazen.

En outre, l'ouverture à l'illumination dans l'occasion fournie par un doigt, une bannière, une aiguille, un maillet, l'accomplissement de la réalisation grâce à un chasse mouches, un poing, un bâton, un cri, tout cela ne peut être saisi entièrement par la pensée dualiste de l'homme. En vérité, cela ne peut davantage être mieux connu par l'exercice de pouvoirs surnaturels. Cela est au-delà de ce que l'homme entend et voit

— n'est-ce pas un principe antérieur aux connaissances et aux perceptions ?

Cela dit, il importe peu qu'on soit intelligent ou non. Il n'y a pas de différence entre le sot et l'avisé. Quand on concentre son effort d'un seul esprit, cela, en soi, c'est négocier la Voie. La pratique-réalisation est pure par nature. Avancer est une affaire de quotidienneté.

Dans l'ensemble, ce monde et les autres, à la fois en Inde et en Chine, respectent le sceau du Bouddha. La particularité de cette école prévaut : dévotion à la méditation assise tout simplement, s'asseoir immobile dans un engagement total. Bien que l'on dise qu'il y a autant d'âmes que d'hommes, en pratiquant zazen, tous négocient la Voie de la même manière. Pourquoi abandonner le siège qui vous est réservé à la maison pour errer sur les terres poussiéreuses d'autres royaumes ? Un seul faux pas, et vous vous écartez de la voie tracée toute droite devant vous.

Vous avez eu la chance unique de prendre forme humaine. Ne perdez pas votre temps. Vous apportez votre contribution à l'œuvre essentielle de la Voie de Bouddha. Qui prendrait un plaisir vain à la flamme jaillie du silex ? Forme et substance sont comme la rosée sur l'herbe, la destinée semblable à un éclair — évanouie en un instant.

Je vous prie, honorés disciples du zen, depuis longtemps habitués à tâter l'éléphant dans l'obscurité, ne craignez pas le vrai dragon. Consacrez vos énergies à la Voie qui indique l'absolu sans détour. Respectez l'homme réalisé, qui se situe au-delà des actions des hommes ; mettez-vous en harmonie avec l'illumination des Bouddhas ; succédez à la dynastie légitime du satori des Patriarches. Conduisez-vous toujours ainsi, et vous serez comme ils sont. Votre chambre au trésor s'ouvrira d'elle-même, et vous en userez comme bon vous semblera.

Pratiquer ensemble

Zazen se pratique par soi-même. Les autres ne peuvent faire zazen à votre place, *vous* seulement pouvez vous comprendre vous-même. Un moine de l'ancien temps a dit : « Je ne suis pas les autres, les autres ne sont pas moi. » On dit également : « Zazen, c'est comme entrer dans le cercueil », et dans un cercueil, on entre seul, sans emporter quoi que ce soit.

Dans le même temps, zazen se pratique avec les autres. Zazen n'est pas une pratique égoïste où l'on cherche à se sauver soi-même. Zazen se pratique dans un dojo, sous la conduite d'une personne expérimentée et en étant relié à une lignée de transmission.

Pratiquer zazen seul, surtout lorsqu'on commence la pratique, conduit à des erreurs de posture et à des erreurs de l'attitude de l'esprit. Le plus souvent, cela ne fait que renforcer nos propres conceptions limitées.

En pratiquant avec les autres, nous aidons les autres, et les autres nous aident, inconsciemment. L'atmosphère d'un dojo est semblable à un feu ; lorsqu'il y a beaucoup de bûches, elle devient forte. En suivant l'enseignement, en suivant la pratique commune, nous pouvons nous dépasser nous-même, abandonner nos catégories et nous ouvrir à l'éveil.

LA PRATIQUE DANS UN DOJO

Le mot *dojo* est composé de deux caractères : *do* qui signifie la Voie et *jo*, le lieu. Le dojo st le lieu, la salle où l'on pratique la Voie. Le même terme est utilisé dans les arts martiaux et l'on parle de dojo d'aïkido, dojo de karaté, dojo de kendo, etc. Dans notre cas, on parle de dojo zen. (Il existe aussi le terme de *zendo* qui désigne le lieu de pratique dans un temple mais celui-ci est peu utilisé en Europe.)

Un dojo zen est donc un lieu consacré à la pratique du zen. Il en existe actuellement plusieurs centaines en Europe ; ils accueillent des milliers de pratiquants et toute personne qui souhaite faire l'expérience du zen se rend dans un tel lieu.

Découverte d'un dojo

Dans l'idéal, un dojo doit être calme et harmonieux. Cependant, les conditions de l'habitat dans les villes modernes sont telles que l'environnement extérieur n'est pas toujours parfait et que, surtout dans les dojos qui regroupent peu de pratiquants, il faut parfois s'accommoder de conditions précaires. Le plus important toutefois n'est pas l'esthétisme du lieu mais l'authenticité de la pratique et de l'esprit qui y règne. C'est cela que ressent chaque débutant, c'est à cela que doivent veiller les pratiquants.

La décoration d'un dojo zen est sobre et se résume généralement à quelques calligraphies et photos des maîtres de la lignée à laquelle se réfère ce dojo. On évite les couleurs voyantes sur les murs et sur le sol, recouvert en principe d'une moquette pour permettre une assise confortable (les tatamis en paille traditionnellement utilisés en Extrême-Orient sont onéreux en Europe). Un autel très simple marque le centre du dojo : il y place ordinairement une statue de Bouddha, ou d'un autre maître, en posture de zazen, un pot à encens, des fleurs, des bougies et le *kyosaku*, le fameux « bâton d'éveil » qui sera décrit plus loin. Un gong, un *mokugyo* (sorte de tambour en bois), qui servent à rythmer les cérémonies, des zafus (coussins) complètent l'ameublement.

Le dojo proprement dit est contigu à une autre pièce (au minimum) qui sert de vestiaire. Pour entrer dans un dojo, il est en effet nécessaire de se déchausser et de saluer l'autel en entrant. Car ce lieu n'est en rien comparable à une salle d'activité, comme on en trouve tant, où l'on pratique le yoga, la relaxation, le taï-chi, etc. Même si, comme il arrive parfois, un dojo zen est installé temporairement dans une telle salle, pendant le temps où celle-ci devient un lieu de pratique, elle devient un lieu consacré qui induit et nécessite un esprit de respect et de concentration.

Tous ceux qui se rendent dans un véritable dojo zen sont impressionnés par l'atmosphère unique qui y règne. Sérénité, dépouillement, rigueur, confiance sont à la fois issus de la pratique et les conditions indispensables à celle-ci.

Cela dit, l'accueil fait aux débutants dans un dojo n'est pas toujours celui auquel ils s'attendent. Le zazen commence toujours à l'heure dite et cet accueil consiste en général à expliquer rapidement les postures de zazen et de kin hin et les règles élémentaires du dojo. Lorsque l'on vient pour la première fois et que l'on pense pouvoir exposer ses motivations ou son cursus, débattre du zen, recevoir un enseignement métaphysique, ou plus simplement se présenter et recevoir un chaleureux accueil, la réalité de la pratique se découvre de façon plus abrupte. En quelques minutes, nous voici assis, les jambes croisées, conviés à ne pas bouger et à rester silencieux. Cette première expérience que chaque pratiquant se remémore et aime à raconter est toujours saisissante. C'est l'accès direct à la pratique de la Voie.

Les règles d'un dojo zen

Le mot « règle » peut être choquant tant nous sommes attachés à notre prétendue liberté individuelle. Pourtant, c'est l'une des premières choses que l'on apprend, avec la description de la posture, quand on commence la pratique. Il s'agit tout d'abord de la façon de rentrer, de saluer, de circuler dans le dojo. Par exemple, on entre du pied gauche, normalement en franchissant une poutre qui symbolise l'entrée du dojo, et on circule silencieusement en contournant l'autel par la gauche.

Ces façons de faire permettent rapidement de se concentrer et de changer d'état d'esprit. D'ailleurs, avant même d'entrer dans le dojo, il est demandé de ranger soigneusement ses vêtements et ses chaussures. Cela marque l'abandon des préoccupations du monde social et la mise en pratique, par chaque geste du corps, de l'esprit juste qui convient à la concentration de zazen.

L'ensemble de ces règles, finalement peu nombreuses, ne doit évidemment pas être enseigné et interprété de façon rigide. Une fois assimilées, elles sont suivies naturellement et contribuent à créer l'atmosphère de recueillement et de liberté propices au zazen. Elles témoignent également du respect pour le lieu, la pratique et l'enseignement et sont la manifestation de la dimension religieuse d'un dojo zen.

Les cérémonies

A la fin du zazen se déroule une courte cérémonie qui dure de cinq à dix minutes. Elle consiste en la récitation d'un sutra appelé *Hannya Shingyo*, rythmée par les sons d'instruments en métal (gong) et en bois (mokugyo). Cette cérémonie traditionnelle, qui s'accompagne parfois de prosternations, se déroule de façon quasiment similaire au Japon ou en Chine, où elle est toutefois plus longue car accompagnée de la récitation d'autres sutras.

Le sutra *Hannya Shingyo* — *Hydraya sutra* en sanscrit, « sutra de la grande sagesse » ou « sutra du cœur » en français — est le condensé de l'enseignement du bouddhisme Mahayana contenu dans l'importante littérature dite de la *Mahaprajna Paramita* (« Perfection de la grande sagesse »). Cet enseignement exprime la quintessence de la philosophie bouddhiste et zen, notamment au sujet de la relation entre l'essence et les phénomènes. Le *Hannya Shingyo* a d'abord été rédigé en sanscrit, puis traduit en chinois ancien et nous récitons la prononciation japonaise de cette traduction. Il en existe également des versions tibétaine, coréenne ou vietnamienne. La plupart des pratiquants américains du zen ont quant à eux décidé de le réciter dans une version anglaise. En tout cas, sa récitation dans sa version ancienne permet de ne pas s'arrêter aux mots, de se concentrer sur les sons et sur l'expiration pendant le chant. Il devient ainsi semblable à un mantra dont on peut par ailleurs étudier la traduction et les commentaires, auquel l'enseignement du zen fait sans cesse référence.

Au début, cette cérémonie peut paraître étonnante et heurter certaines personnes, soit parce qu'elles sont attachées au rituel chrétien, soit au contraire rebutées par tout ce qui est cérémonie religieuse. Après tout, l'enseignement insiste sur la primauté de la pratique de zazen et celle-ci ne suppose pas l'adoption d'un rituel particulier, étranger de surcroît. Qui plus est, l'affaiblissement du zen à certaines périodes de son histoire, notamment au Japon à l'époque moderne, est venu entre autres par une importance trop grande attachée aux cérémonies au détriment de la pratique de zazen.

Toutefois, avec le temps, on réalise que cette cérémonie correspond à quelque chose de réel. Elle permet notamment de ne pas passer directement du monde du zazen au monde extérieur et donne l'occasion de s'exercer à la pratique d'une expiration longue et profonde. Elle est le moment privilégié où, après la pratique silencieuse, tout le monde, ensemble, chante harmonieusement et exprime cette dimension au-delà de la pensée à laquelle on accède pendant zazen. En outre, elle actualise une pratique répétée pendant des siècles et des siècles par les anciens et manifeste la dimension intemporelle de la Voie.

La tenue vestimentaire dans un dojo

La tenue la plus courante pour pratiquer zazen est le kimono noir, sorte de robe avec de grandes manches dont l'origine est japonaise. Il permet d'éviter le port d'un pantalon qui n'est pas adéquat pour croiser les jambes et qui est souvent gênant pour respirer librement.

En allant dans un dojo, vous remarquerez aussi que certains pratiquants portent des tenues plus complexes avec un kimono blanc recouvert d'une autre robe noire avec de très grandes manches (c'est le *kolomo*), et d'une grande pièce de tissu recouvrant l'épaule gauche, le *kesa*. Il s'agit de la tenue des moines et des nonnes (voir le chapitre « Entrer dans la sangha »).

Cela étant, pour commencer la pratique, il suffit de revêtir une tenue confortable et correcte qui n'entrave pas votre assise. Veillez à choisir des couleurs neutres et plutôt sombres qui s'harmonisent avec la tenue des autres participants. Les tenues voyantes et excentriques ne favorisent pas la concentration et l'abandon, ce à quoi vous allez vous exercer. Evitez également le port de bijoux (colliers, boucles d'oreilles, bagues) qui gênent la posture de zazen.

La concentration sur les gestes, l'éducation du corps

Toutes les actions, tous les gestes effectués dans un dojo expriment la concentration et le recueillement. Le dojo n'est pas un lieu où on déambule à sa guise, où on s'assoit n'importe comment, où on discute. Ce n'est pas un lieu où s'affiche l'ego mais au contraire un espace où tous les gestes nécessitent une attention qui permet de retourner le regard vers l'intérieur de soi-même.

Le geste de saluer les mains jointes, que l'on appelle *gassho*, et qui est largement répandu dans toutes les civilisations orientales, s'effectue ainsi de manière bien précise. Les mains se joignent en gardant les doigts serrés, l'extrémité des doigts à la hauteur de la bouche, les avant-bras sont horizontaux, dans le prolongement l'un de l'autre, les épaules détendues, le dos droit. On salue en inclinant le buste. On « fait gassho » en entrant dans le dojo, devant son zafu puis devant l'autel avant de s'asseoir, une nouvelle fois après s'être installé avant de prendre la posture, puis à la fin du zazen, à la fin de la cérémonie, et en sortant du dojo.

De la même façon, on circule dans le dojo en gardant les mains jointes sur l'abdomen et en tournant à angle droit, on s'assoit en zazen face au mur en veil-

lant à être aligné avec ses voisins, on range son coussin contre le mur pendant la pratique de kin hin, on s'assoit sur les genoux en restant droit pendant la récitation des sutras, on se prosterne selon une méthode bien précise.

L'ensemble de ces gestes fait partie d'un tout avec la pratique de zazen. Ils participent à une éducation globale du corps, chaque action de celui-ci ayant une influence sur l'esprit. Grâce à la répétition de ces gestes qui deviennent naturels, inconsciemment on acquiert une attitude noble qui se poursuit en dehors du dojo. En s'adressant au corps, l'éducation dans le dojo permet à celui-ci de mémoriser le geste juste, ce qui a des répercussions sur tout notre être.

Le kyosaku, le bâton d'éveil

Le kyosaku est un bâton à l'extrémité plate dont on se sert pour frapper des endroits précis des épaules pendant la pratique de zazen. C'est une techni ue qui impressionne quand on ne connaît pas la pratique et est mal comprise par ceux qui ne connaissent le zen que de l'extérieur.

En fait, il s'agit d'une technique très ancienne destinée à aider les pratiquants pendant zazen. Les deux écueils de zazen sont kontin, l'état de somnolence, et sanran, l'état d'excitation. Le kyosaku permet, en frappant des points énergétiques précis situés sur les muscles des trapèzes, de réveiller une personne qui sombre dans la torpeur ou au contraire de calmer quelqu'un pris dans un flot incessant de pensées.

Dans les deux cas, le kyosaku change l'esprit du pratiquant et l'aide à retrouver sa concentration sur la posture, son absorption dans zazen. C'est pourquoi il est appelé « bâton d'éveil » (il s'agit de la traduction littérale). Il symbolise l'épée de sagesse du bodhisattva mythologique Manjusri qui tranche les racines des illusions. D'ailleurs le poème qui est le plus souvent calligraphié sur son extrémité est *Maku Moso* qui signifie « pas d'illusion ». En vérité, le kyosaku est une aide exceptionnelle à la pratique de zazen qui atteste que les maîtres des temps anciens ont étudié très profondément cette pratique et qu'ils ont su élaborer des techniques simples et puissantes pour aider leurs disciples.

Le kyosaku est généralement donné aux personnes qui le demandent et c'est toujours le cas pour les personnes qui débutent.

Pour demander le kyosaku, il suffit de joindre les mains en gassho lorsque c'est le moment. La personne responsable vous touche alors l'épaule droite, vous saluez et vous vous placez en position de le recevoir (en penchant la tête et en dégageant l'épaule). On frappe avec le kyosaku une fois, parfois deux, sur chaque épaule. La force du coup est adaptée à la constitution de la personne qui le reçoit.

Le kyosaku n'est ni un massage ni une punition. Aussi, le coup n'est ni trop faible ni trop fort, et il est donné à des endroits exacts. Il peut être donné d'office à des anciens pratiquants lorsque ceux-ci s'endorment sans même s'en apercevoir.

Une fois passée la naturelle appréhension de recevoir un coup de bâton, quasiment tous les pratiquants demandent facilement le kyosaku, que ce soit lors des pratiques régulières en ville, lorsque l'esprit est encombré des soucis de la vie quotidienne, ou lors des pratiques plus intensives, pour aider à chasser les difficultés corporelles ou la somnolence de l'esprit. Pendant les premières années de pratique, il est même courant de demander très régulièrement le kyosaku. C'est une excellente façon d'éveiller son esprit, de se débarrasser de ses illusions et de se mettre en harmonie avec le monde de zazen, le monde de Bouddha.

L'esprit du dojo

Le dojo est parfois comparé à une forêt de santal, car le santal est un arbre touffu qui ne laisse pas d'autres variétés s'installer. Cela signifie que, dans un dojo, seules les personnes qui désirent sincèrement pratiquer peuvent entrer ; par la force de la pratique, inconsciemment, les autres s'enfuient. C'est un fait que l'on peut constater régulièrement dans un dojo, bien que l'on ne fasse rien pour chasser qui que ce soit, sauf si des personnes dérangent.

Cette dimension du dojo est parfois difficile à comprendre pour des personnes habituées à se rendre dans des salles d'activités ou par celles qui confondent le fait de tout accepter avec de la tolérance.

Cependant, c'est un point essentiel sur lequel ont insisté tous les maîtres : le lieu de pratique est un lieu saint qu'il faut préserver et ne peuvent y être admises que les personnes qui le respectent et cherchent la Voie.

Ainsi, les considérations de sexe, de race, d'âge, de condition sociale ne sont pas prises en compte. Entrer dans un dojo, c'est justement abandonner toutes ces considérations et toute idée de discuter à ce propos. Maître Deshimaru avait ainsi rédigé des règles qui indiquent ce que sont à la fois l'esprit d'un dojo et l'esprit de ceux qui y pratiquent (ces règles sont semblables à celles édictées par Hyakujo en Chine au VIIIe siècle et Dogen au Japon au XIIIe siècle). En voici quelques extraits :

« — L'entrée dans un dojo n'est permise qu'à ceux qui veulent faire zazen, les autres ne doivent pas entrer. Soyez joyeux, zazen n'est pas une mortification, mais la porte vers le bonheur.

« — Quand vous entrez dans le dojo, abandonnez tous soucis de renommée et de richesse, laissez à la porte vos préjugés de race, de sexe, de condition sociale, vous devez concourir à créer dans le dojo une ambiance hautement spirituelle. Soyez sincères.

« — Dans le dojo, on ne doit que pratiquer le zazen transmis, on ne doit pas pratiquer d'autres méditations.

« — Si vous entrez dans le dojo, vous devez suivre l'enseignement du maître ou de l'instructeur autorisé. Dans le dojo, toutes les règles traditionnelles doivent être appliquées.

« — Dans le dojo, on ne doit pas créer d'agitation, ni rire, ni parler, ni organiser de rencontre dans un autre but que zazen.

« — Harmonisez-vous dans le respect avec les autres pratiquants.

« — Les personnes sous l'emprise de drogues, d'alcool ou de déséquilibres mentaux, ou qui se querellent ne peuvent être admises dans le dojo. »

C'est ainsi que chaque personne qui se rend dans un dojo pour pratiquer contribue à créer une atmosphère forte propice à la Voie et apporte une aide précieuse à tous les autres pratiquants.

Une autre expression utilisée pour désigner le

dojo est la « salle des arbres morts ». Les arbres morts, ce sont ces arbres desséchés qui se tiennent encore droits, accrochés aux falaises, soumis aux intempéries. Ils ont perdu leurs branches, leur écorce est tombée, il ne reste que le tronc qui concentre l'essence de l'arbre. Il en est ainsi des postures de zazen qui se tiennent droites, immobiles, dans le dojo. Le vent et la pluie s'élèvent et s'apaisent, les illusions tombent comme les branches de l'arbre. A la fin il ne reste que le tronc de l'arbre, que la posture de zazen, qui concentre l'essence de l'univers. C'est l'esprit de la Voie, l'esprit du dojo zen.

Là où se réalise la Voie, là se réalise le véritable dojo

Maître Fuyo Dokai (voir le chapitre qui lui est consacré dans la partie « Bouddhas et Patriarches »), qui vécut en Chine au XIe siècle, avait élevé son dojo au plus profond de la montagne. Voilà comment il décrivait l'atmosphère qui y régnait :

« Ainsi, le paysage est assez beau, les fleurs sourient et les oiseaux chantent, les chevaux de bois pleurent pour l'éternité et les vaches de pierre s'enfuient au loin.

« La couleur des montagnes bleues sortant du ciel est peu compliquée et le son des fontaines chantantes n'est pas bruyant du tout. Sur la montagne, le cri des singes.

« La brume et les gouttes de rosée humidifient la magnifique lune de minuit. Dans la forêt les oiseaux blancs chantent et le vent s'enroule autour des pins dans la pure aube du matin.

« Lorsque le vent du printemps s'élève, les arbres secs chantent comme des dragons, toutes les fleurs tombent lorsque les feuilles d'automne meurent dans la froide forêt. Sur l'escalier de pierre précieuse se bordent les insignes de la fraîche mousse verte et les visages de tous prennent la teinte de la brume gazeuse.

« Il ne s'élève aucun son bruyant et ne règne qu'une totale tranquillité séparée de la poussière du social. Il n'y a plus qu'à se laisser pénétrer du goût simple de la Voie, libéré des couleurs et des sons compliqués de la vie banale. »

Fuyo Dokai exprime là le véritable goût d'un dojo zen, la véritable saveur du zazen. Ce lieu se réalise où l'on pratique, dans un endroit retiré dans les montagnes comme dans un dojo au milieu de la ville, en tout lieu où on s'assoit véritablement en zazen. Ce lieu n'est pas situé géographiquement. Le véritable temple, le véritable dojo apparaît lorsqu'on tourne son regard vers l'intérieur de soi-même. C'est pour cela qu'il faut respecter les lieux qui permettent de tourner ce regard afin que se manifeste cet authentique « lieu de la Voie ». C'est la pratique-réalisation de la Voie du zen.

Les sesshins

Sesshin signifie « toucher l'esprit ». C'est par ce mot que l'on désigne les périodes de pratique plus intensive. Ce sont des périodes réparties tout au long de l'année et qui durent généralement de deux à trois jours. Pendant l'été, les vacances d'automne, d'hiver, de printemps, des périodes plus longues, d'une dizaine de jours, sont organisées. L'été notamment, de telles sessions se succèdent pendant les mois de juillet et d'août reprenant ainsi une tradition qui remonte à l'époque du Bouddha Shakyamuni. En Inde, il y a 2 500 ans, le Bouddha réunissait ainsi autour de lui ses disciples pendant les mois pluvieux de l'été. Cette tradition est appelée *Ango.*

Les sesshins sont des moments privilégiés pour pénétrer plus profondément la pratique de zazen et pour couper, le temps d'un week-end, d'une semaine, d'un mois, avec les préoccupations du monde social. En Europe, et dans la manière de faire instituée par maître Deshimaru, on pratique environ six à sept heures dans le dojo réparties en quatre séances de zazen (deux le matin, une l'après-midi, une le soir), qui peuvent comporter un *mondo* (questions-réponses). Cela est moins que dans les sesshins traditionnelles au Japon ou en Chine qui comportaient douze heures et plus de pratique de zazen. Ce temps très long de zazen est inadapté à l'époque moderne en Europe. Les pratiquants actuels sont des personnes ayant une activité sociale, et non des moines professionnels qui ne se consacrent qu'à la pratique de zazen : ils ne possèdent donc pas l'entraînement physique pour ce nombre d'heures de zazen. De plus, une pratique trop intensive, quand on surmonte les difficultés physiques, peut engendrer un état de torpeur et un affaiblissement de la posture qui n'actualise pas la vitalité de l'authentique zazen. C'est pour cela que ce temps moyen de zazen, environ six heures, a été adopté en Europe d'autant que les sesshins regroupent aussi bien d'anciens pratiquants que des nouveaux.

Ces derniers peuvent d'ailleurs considérer qu'il s'agit d'un temps de zazen excessif. Il est vrai que pour une personne peu habituée ou en mauvaise santé, les premières sesshins sont souvent difficiles. Mais elles sont aussi l'occasion d'apprendre la patience et la persévérance et elles constituent toujours d'excellents souvenirs. Le bonheur de contempler le lever de soleil au sommet d'une montagne est profondément lié à l'effort accompli pour le gravir.

Le temple

Un dojo zen, quelle que soit sa situation matérielle, est, dans l'esprit, un temple, c'est-à-dire un lieu spirituel organisé autour de la pratique de zazen. Une sesshin, quelle que soit sa durée et les locaux où elle se déroule, est la mise en pratique d'un mode de vie propre à un temple.

Il existe encore peu de temples zen en Europe par rapport au Japon. Cependant, comme la pratique s'est perdue dans la plupart des temples japonais, on peut considérer que de nombreux dojos installés dans des villes européennes — certains ont d'ailleurs le statut de temple — actualisent de façon véritablement authentique et fraîche ce qu'est la vocation d'un temple, même s'ils n'en ont pas les caractéristiques architecturales.

En ce qui concerne les temples installés hors des villes, ils sont encore moins nombreux. Le plus important d'entre eux est le temple de La Gendronnière, situé dans le centre de la France, près de la ville de Blois, et fondé en 1980 par maître Deshimaru. Il accueille chaque année plusieurs milliers de pratiquants, au cours de nombreuses sesshins qui regroupent jusqu'à plus de trois cents personnes, et sert de lieu central à une grande partie de la sangha européenne. Il s'agit sans doute d'un des plus grands temples zen actuellement au monde.

De ce fait le déroulement d'une sesshin zen au temple de La Gendronnière sert de référence pour la pratique dans la plupart des dojos et sesshins organisés en Europe.

Le déroulement d'une journée de sesshin au temple de La Gendronnière

La vie dans le temple est rythmée par des sons qui indiquent le moment des activités.

— Le matin (6 h 30 ou 7 h), le réveil s'effectue au son d'une cloche qui passe rapidement dans les couloirs.

— Une demi-heure après commence le premier zazen de la journée dont l'appel est fait par un bois frappé par un maillet. Le zazen lui-même est rythmé de façon classique par un gong qui signale le début et la fin du zazen et du kin hin. Une grosse cloche installée hors du dojo résonne régulièrement pendant la première partie du zazen (avant le kin hin). La cérémonie de l'Hannya Shingyo qui clôt le zazen s'effectue aux sons d'un gong et d'un mokugyo.

— L'appel au repas est signalé par le son d'un métal frappé par un maillet. Le matin, le premier repas suit immédiatement la fin du zazen. Il s'agit d'une soupe traditionnelle de riz et de légumes, la *guen maï*. Cette soupe est également servie lors des diverses autres sesshins et dans les dojos importants. Les repas du matin et de midi sont précédés de la récitation d'un sutra spécifique (le *Bussho kapila* ou « sutra des repas »).

— Pendant une sesshin, le repas du matin est

suivi d'un temps de repos, qui sert aussi à organiser le repas suivant, puis d'un deuxième zazen qui conduit à l'heure du déjeuner, à 12 h 30.

— Après un nouveau repos consécutif au déjeuner, c'est le moment, à 14 h 30, du *samu*, le travail collectif pour le fonctionnement de la communauté, qui est indiqué par le son d'une grosse cloche. Le samu est une activité essentielle dans la vie d'un temple zen, la mise en action de la concentration, de l'énergie et de l'esprit naturel de don provenant de la pratique de zazen. Le temps de samu est plus important hors des périodes de sesshin.

— A 16 h 30, il y a de nouveau zazen, suivi du repas du soir, à 18 h 45. Le dernier zazen a lieu à 20 h 30 et le coucher est signalé par le son de claquettes en bois, à 22 h 30.

Ces horaires sont suivis dans la plupart des sesshins. Adaptés à notre époque, ils ne constituent en rien une mortification mais l'actualisation d'une vie simple qui permet à chacun, en les suivant, d'abandonner ses propres habitudes et concepts pour retrouver une harmonie naturelle avec son environnement et les autres pratiquants. Il est ainsi possible de se concentrer sur la pratique, de tourner naturellement le regard vers l'intérieur de soi-même, de laisser l'éveil de zazen se produire naturellement par lui-même.

L'ENSEIGNEMENT

Après que Shakyamuni eut atteint l'Eveil, il resta quelque temps à pratiquer sous l'arbre de la Bodhi. Puis il décida qu'il devait diffuser la Vérité qu'il avait réalisée et enseigner aux êtres qui souffrent la Voie de l'éveil. Il quitta la montagne et se rendit à Bénarès où il retrouva d'anciens codisciples qui pratiquaient l'ascétisme. A leur demande il prononça son premier enseignement, sur les Quatre Nobles Vérités, connu sous le nom de « Sermon de Bénarès », et leur montra comment pratiquer zazen. On dit que le Bouddha fit « tourner la Roue du Dharma », la Roue de la Loi, la Roue de l'Enseignement. A partir de ce moment, le bouddhisme, la Voie de l'éveil, se propagea. Plus tard, selon la tradition, il transmit l'essence de la Réalisation à son disciple Mahakashyapa, qui devint son successeur et le premier de la lignée des patriarches qui a perpétué le zen jusqu'à nos jours.

Ainsi l'enseignement, et la transmission de personne à personne, sont-ils constitutifs du bouddhisme en général, et du zen en particulier. Pour pratiquer zazen, il est nécessaire d'apprendre auprès d'une personne qui comprend et pratique zazen et qui elle-même a été instruite par une personne habilitée à le faire, et ainsi de suite. Puis, quand on pénètre soi-même dans zazen et sa compréhension, naturellement on en vient à aider les autres, à leur faire découvrir l'authentique zazen. La pratique, la compréhension, l'enseignement sont donc en unité : recevoir l'enseignement, donner l'enseignement sont l'actualisation, ici et maintenant, de la transmission de l'éveil de Bouddha depuis des générations.

A ce propos, maître Kodo Sawaki dit ceci : « Compréhension exacte et transmission exacte sont extrêmement importantes. Le principe est de ne pas se méprendre sur la vraie réalité. C'est la percevoir telle qu'elle est. Le bouddhisme repose sur le principe que tout ce qui est produit est détruit.

« Si on oppose l'altruisme, tout sacrifier aux autres, et l'égoïsme, tout sacrifier à soi-même, on aboutit à des situations aberrantes. Comprendre le principe fondamental, c'est refuser les extrêmes et trouver la parfaite harmonie entre l'altruisme et l'égoïsme.

« Quelqu'un a dit jadis : “ Ne pas comprendre la vérité, c'est aussi ne pas pouvoir aider les autres. ” Aider et comprendre ne sont pas deux choses distinctes ; on ne peut pas les dissocier. Appelons la compréhension égoïsme, et l'enseignement altruisme. Egoïsme et altruisme sont un.

« La compassion, c'est regarder toutes les existences comme nous nous regardons nous-même, et nous regarder nous-même comme nous regardons toutes les existences. Le monde de la Loi est celui de l'égalité, où il n'y a ni préjugé, ni discrimination, ni sentiment de haine ou d'amour. Si quelqu'un cherche la Voie, il faut aussitôt le guider ; s'il ne cherche pas la Voie, va à sa rencontre sur son propre terrain. S'il s'intéresse aux affaires mondaines, parle-lui d'affaires mondaines et, par ce chemin, conduis-le vers la Voie. Parle d'esthétique à l'esthète, de magie au magicien, de lettres au lettré. L'important est d'agir toujours en pratiquant le non-agir.

« Le bouddhisme est l'harmonie de deux mouvements : comprendre et enseigner. L'un est ascendant, l'autre descendant. L'un vous aspire vers le haut et l'autre vous tire vers le bas. Le juste équilibre se trouve dans l'union des deux. On saisit l'éternel et on ne rejette pas l'éphémère ; on saisit l'éphémère et on ne rejette pas l'éternel.

« Ainsi est-il possible de soulager les hommes de leur souffrance. Si tu en doutes, regarde les plantes ; elles naissent au printemps, s'épanouissent en été, donnent des fruits en automne et toutes reconstituent leurs forces dans la froidure de l'hiver ; sans jamais douter d'elles-mêmes, elles accomplissent de grandes choses. »

L'enseignement dans un dojo

Concrètement, l'enseignement dans un dojo zen, en Europe, est assuré par des personnes ayant une expérience de la pratique et ayant généralement reçu l'ordination de moine ou nonne. Il consiste avant tout à expliquer comment pratiquer zazen à partir des trois points : la posture du corps, la respiration, l'attitude de l'esprit. La posture du corps notamment, pour zazen et kin hin, est enseignée dans le détail. Les corrections de la posture par une personne expérimentée sont indispensables car on ne se rend pas compte soi-même, surtout si on n'a pas l'habitude de la posture correcte, des défauts de sa propre posture (par exemple la position de la tête, des mains, la rectitude du dos, etc.). Un dirigeant de zazen doit pouvoir comprendre l'esprit d'un pratiquant à sa posture.

L'enseignement dans un dojo consiste également à créer les conditions propices à la concentration, à l'éveil et à la dimension spirituelle de zazen. Cela se traduit par le respect et la transmission des règles du dojo, par le fait de donner le kyosaku et par une attitude générale qui allie liberté et simplicité. Le ton compassé, les interdits, les explications compliquées, la prise en charge psychologique, l'exubérance, la mise en avant des opinions personnelles ou la rigidité sont rarement de mise dans un dojo. Il y est question d'apprendre à pratiquer par soi-même, avec les autres.

Pendant le zazen, dans les dojos où dirigent des personnes habilitées à le faire, un enseignement oral est donné. Cela tout au moins dans les dojos se rattachant à la lignée de maître Deshimaru (dans d'autres cas, l'enseignement peut être donné sous forme de conférence après le zazen, ou sous forme d'entretien individuel avec l'enseignant). Cet enseignement oral pendant le zazen est un point important et délicat. Il est appelé *kusen*, de *ku* : la bouche, et *sen* : l'enseignement. C'est sous forme de kusen que maître Deshimaru a enseigné dans le dojo pendant les quinze ans de sa mission en Europe, et les nombreux ouvrages qu'il a publiés, notamment les traductions et commentaires de textes essentiels du zen, ont été composés à partir des notes prises par ses disciples pendant ces kusen.

Le fondement du kusen, de l'enseignement oral pendant zazen, est le silence. C'est à partir du silence, de la conscience hishiryo, de la conscience éveillée de zazen, que l'enseignant exprime le kusen. Il ne s'agit pas de littérature, il ne s'agit pas de conférence, il ne s'agit pas d'éducation de la connaissance, il ne s'agit pas de l'expression des préoccupations personnelles ou de la compréhension intellectuelle de l'enseignant. Le kusen jaillit de la conscience profonde de celui qui enseigne et s'adresse à la conscience profonde du pratiquant. Le kusen ne se comprend pas par le cerveau frontal, il participe à la pratique, aide à ne pas suivre ses propres pensées et transmet l'enseignement des Bouddhas et des Patriarches.

Le kusen peut être totalement silencieux, il est souvent court, il peut être plus long et approfondi ; il utilise un langage libre, une « langue sans os ». Souvent le kusen s'exprime dans la deuxième partie du zazen qui correspond au moment où l'on pénètre plus profondément dans la conscience de zazen. Il peut consister en de simples et fortes indications sur la posture et la respiration ou en des approfondissements de l'enseignement transmis, avec par exemple des commentaires des textes des anciens maîtres qui renvoient à la pratique ici et maintenant, ou à l'inverse en partant de phénomènes du moment pour éclaircir l'éveil éternel.

Dans la tradition du zen soto, le kusen est donc un moyen d'expression privilégié de la transmission de l'enseignement. Il permet de dépasser ses propres concepts et de s'éveiller à la conscience sans limite de zazen.

Toutefois l'enseignement ne se réduit pas non plus au kusen, il est un tout qu'on ne peut mettre en catégorie, il est quelque chose de très intime qui favorise l'éveil naturel à la réalité.

Rencontrer le maître, suivre l'enseignement

Une phrase abrupte de maître Dogen souligne l'importance de rencontrer un véritable enseignant, un maître, qui puisse transmettre la pratique authentique. Dogen dit : « Lorsqu'on n'a pas de vrai maître, mieux vaut ne pas pratiquer. » Dogen lui-même (voir sa biographie dans le chapitre qui lui est consacré) possédait des facultés exceptionnelles, il avait réalisé très jeune l'impermanence de la vie, il avait étudié profondément les sutras, pratiqué la méditation mais n'avait pu lever ses doutes et trouver la Voie au Japon. Ce n'est qu'en rencontrant son maître Nyojo en Chine qu'il put réaliser l'éveil du zazen, sans but ni esprit de profit, seulement s'asseoir, en abandonnant son corps et son esprit.

La situation était semblable il y a quelques dizaines d'années en Occident quand l'étude du bouddhisme se résumait à la lecture d'ouvrages et à la pratique de méditation sans enseignement. Dorénavant le zazen authentique est transmis, notamment en Europe grâce à la venue de maître Deshimaru et aux disciples qu'il a formés. Aujourd'hui, il y a un certain nombre de vrais enseignants, de vrais maîtres, qui actualisent par leur pratique l'éveil des Bouddhas et des Patriarches et qui transmettent correctement zazen.

Evidemment, à lire les biographies des grands maîtres du temps passé, de la Chine des Tang ou de l'Inde antique, on peut regretter qu'il n'y ait apparemment pas dans notre époque de décadence d'« êtres réalisés » de cette envergure. Maître Unmon, au xe siècle, mettait déjà en garde contre cette illusion de vouloir trouver à l'extérieur « la » personnalité qui possède quelque don spécifique : « Si vous pensez qu'un maître zen apparaîtra en ce monde pour vous dispenser son enseignement, vous feriez mieux de me cracher au visage. Tant que vous ne serez pas le maître de vous-même, vous croirez toujours pouvoir retenir un profit de ce que vous attendez, mais ce ne sera là que de la récupération et non votre propriété. Mes amis, ceux qui le possèdent vivent comme des êtres ordinaires, soyez prudents ! »

Mais trouver un maître ne suffit pas. On raconte que, lorsque le Bouddha Shakyamuni quitta la montagne pour se rendre à Bénarès, il croisa en chemin un voyageur. C'est la première personne qu'il rencontrait après son éveil. Ils discutèrent un moment ensemble et Shakyamuni lui fit part de ce qu'il avait réalisé la Voie. Le voyageur ne fut pas du tout intéressé et poursuivit son chemin.

Pour rencontrer le maître, il faut accepter de recevoir, c'est-à-dire de suivre son enseignement. C'est un aspect des choses auquel nous sommes peu habitués car nous voulons généralement n'en faire qu'à notre tête. Accepter de recevoir est essentiel à la réalisation de la transmission. Il faut accepter de se conformer à la posture de zazen, accepter de suivre les règles du dojo, d'une sesshin, accepter de suivre les autres, accepter de suivre l'enseignement du maître. C'est ainsi seulement que s'actualise la transmission *I shin den shin*, d'esprit à esprit, entre le maître et le disciple. L'un n'existe pas sans l'autre.

La dimension de l'enseignement, de la transmission de personne à personne, est en fait un point très délicat du zen. Zazen n est pas une technique et ne se réduit pas au temps passé dans le dojo, il s'étend à la vie entière. L'enseignant, le maître, ne doit pas seulement maîtriser une technique mais réaliser dans sa vie cette fusion du monde éphémère et du monde éternel (Dogen disait que ses actions et sa compréhension devaient se répondre mutuellement). D'un autre côté, l'élève, le disciple, n'apprend pas seulement une méthode, une manière de croiser les jambes. Son esprit doit lâcher ses propres certitudes, il doit s'ouvrir, devenir à la fois réceptif et percutant. Dans le même temps, la transmission est celle de la pratique, seulement s'asseoir, et l'éveil se produit de lui-même.

Nous avons toujours tendance à chercher quelque chose de spécial en dehors de nous-même et à nous laisser abuser. Les enseignants, les maîtres, eux-mêmes peuvent se laisser abuser. Ils peuvent croire qu'ils ont réalisé l'éveil, qu'ils sont arrivés au bout du chemin, ils peuvent se persuader que toutes leurs actions sont justes, ils peuvent se laisser abuser par le contentement d'avoir des disciples, ou au contraire douter d'eux-mêmes et de la simple pratique, ou encore tomber dans le formalisme et la rigidité. Les élèves, les disciples, peuvent se laisser abuser par eux-mêmes, satisfaits de leur propre compréhension et refusant l'enseignement, ou encore ne pas comprendre l'enseignement que transmet le maître mais être simplement fascinés par sa personnalité — la recherche du père, de l'amant ou du « guru qui sait tout » est un phénomène bien connu —, adoptant un comportement infantile en oubliant leur propre recherche. Tout cela n'est pas nouveau mais conforme à nos illusions et à nos attachements, et se retrouve partout.

Dans l'enseignement, la transmission du zen, il reste le réel, la pratique, tourner son regard vers l'intérieur de soi-même, sans chercher à obtenir quoi que ce soit. Maître Sekito dit : « Dirigez votre lumière vers l'intérieur et faites demi-tour/ Rencontrez les vieux maîtres et soyez intimes avec leur enseignement/ Ouvrez les mains et marchez innocemment. »

La transmission se réalise d'esprit éveillé à esprit éveillé, elle est intime, silencieuse, secrète : l'enseignement et la compréhension, le maître et le disciple, l'intérieur et l'extérieur, le sujet et l'objet, la pratique et l'éveil sont unité.

ENTRER DANS LA SANGHA

L'être humain est un être social, il a l'instinct de groupe, de clan. C'est d'ailleurs un des problèmes de notre civilisation moderne avec ses villes immenses qui engendrent l'anonymat et la solitude et ses moyens de communication et d'information qui suppriment le contact direct entre les individus. Nous souffrons de la dissolution des relations humaines et on voit apparaître de nouveaux groupes avec leurs codes de reconnaissance, en particulier chez les jeunes. La pratique d'une activité est alors l'occasion de trouver un nouveau groupe qui partage des centres d'intérêts communs, comme par exemple la pratique d'un sport ou d'une activité culturelle, l'appartenance à un parti politique ou à un syndicat, la participation à une vie associative.

Dans un groupe de pratiquants de zazen, cela est à la fois semblable et différent. Semblable, car lorsqu'on pratique régulièrement dans un dojo, que l'on participe à des sesshins, que l'on suit le même maître, des sympathies naissent entre les participants, des liens se nouent. L'instinct grégaire aidant, plus on s'investit dans la pratique, plus on apprécie d'appartenir à ce groupe qui suit la même Voie. Qui plus est, les divers comportements et les inévitables phénomènes qui naissent des relations humaines deviennent un sujet d'occupation et de discussion.

Différent, car zazen signifie tourner le regard vers l'intérieur de soi-même, comprendre intimement à la fois sa profonde solitude et sa participation à l'univers entier, bien au-delà d'un groupe défini. Ainsi, ce qui nous relie aux autres pratiquants, aux « compagnons de zazen » est-il de nature radicalement différente que le simple partage d'une même activité. L'intimité, la connivence, qui naît entre des pratiquants de zazen n'est pas du domaine du langage ou des rapports humains classiques. D'ailleurs, il n'est pas du tout indispensable de parler pour pratiquer ensemble et on peut suivre la même Voie, s'asseoir en zazen dans le même dojo sans entretenir de rapports particuliers en dehors du dojo.

La spécificité de la communauté des pratiquants de zazen naît de cette double origine : un groupe humain, une pratique éternelle. Depuis l'époque du Bouddha Shakyamuni, cette communauté s'appelle la sangha (en fait, on devrait dire « le » sangha, mais dans le zen l'habitude du genre féminin a été prise). Elle est un des « Trois Joyaux » du bouddhisme avec le Bouddha — Shakyamuni, l'homme réalisé, le maître, l'éveil — et le Dharma — l'ordre de l'univers, l'enseignement.

La sangha désigne à la fois la communauté des moines et des nonnes, la communauté de tous ceux qui suivent un maître, la communauté de tous ceux qui pratiquent en un même lieu, la communauté de tous ceux qui pratiquent zazen, la communauté de tous ceux qui se considèrent disciples de Bouddha. On parle par exemple de la sangha de tel maître, de la sangha de tel dojo, ou bien de la sangha européenne, ou bien de la sangha bouddhiste en général. Comme dans tout ce qui est issu de l'enseignement de Bouddha, il existe de multiples significations et une grande liberté dans l'emploi du terme sangha.

On peut pratiquer zazen dans un dojo, participer à des sesshins, sans vouloir appartenir à quelque groupe que ce soit. On peut se faire des amis, ressentir cette intimité qui naît de la pratique de zazen, considérer avec sympathie cette sangha sans avoir ni l'impression ni le désir d'en faire partie. A l'inverse, on peut être à la recherche d'un groupe, d'une nouvelle famille, et vouloir s'intégrer au plus vite dans une communauté, même informelle.

Quoi qu'il en soit, lorsque la pratique est transmise, lorsque zazen s'actualise, la sangha se manifeste. Elle est une aide précieuse pour tous ceux qui pratiquent la Voie.

Les ordinations

Il y a deux types d'ordination : celle de bodhisattva et celle de moine ou nonne. Toutes deux marquent, entre autres, l'entrée « officielle » dans la sangha. Traditionnellement, la première correspond à celle des pratiquants laïcs et la seconde à celle des pratiquants qui quittent leur famille et les activités sociales. En fait, la situation a évolué depuis l'Inde antique où les moines vivaient exclusivement de mendicité. Aujourd'hui moines et nonnes peuvent se marier et, en Occident, ils mènent, pour leur très grande majorité, une activité sociale.

La notion d'ordination est différente de celle du christianisme où l'on prononce des vœux, où l'on s'engage à suivre les règles de l'ordre monastique. Aujourd'hui, dans le zen, au moins dans la tradition de Deshimaru, majoritaire en Europe, demander l'ordination est un acte naturel qui survient au bout d'un certain temps de pratique, différent selon les individus (bien entendu, il est tout à fait possible de continuer à pratiquer sans demander cette ordination). On demande et l'enseignant, le maître, donne l'ordination. A ce moment-là on reçoit l'ordination. Ce qui demande est l'esprit d'éveil. Ce qui donne est l'esprit de Bouddha, ce qui reçoit est également l'esprit de Bouddha. Recevoir l'ordination, c'est intégrer la lignée des bouddhas et des patriarches, c'est devenir disciple de Bouddha.

Lors de cette ordination, on reçoit les préceptes, un nom d'ordination, le *ketsumyaku* et le *kesa*. Tout cela est un don du Bouddha. Leur mise en pratique, leur approfondissement constituent l'actualisation toujours renouvelée de cette ordination. Mais l'ordination a sa valeur en tant que telle. Le simple fait de la recevoir nous change inconsciemment. Même si par la suite on oublie et on s'égare dans des dédales obscurs, l'ordination est une graine d'éveil semée au plus profond de nous-même.

Les préceptes sont au nombre de dix : ne pas tuer, ne pas voler, ne pas pratiquer une mauvaise sexualité, ne pas mentir, ne pas s'intoxiquer (alcool, drogue, etc.), ne pas critiquer, ne pas s'admirer soi-même, ne pas être avide, ne pas se mettre en colère, ne pas avoir d'opinions dogmatiques. Ces préceptes ne sont pas des commandements, ils ne doivent pas être pris dans un sens restrictif et, pour chacun d'entre eux, il pourrait être fait de nombreux commentaires. Les préceptes sont l'expression du monde de l'éveil et zazen qui en est l'actualisation les résume tous. Zazen est le seul moment où nous respectons totalement les préceptes et sa pratique constitue le précepte ultime. Les préceptes sont également des guides utiles pour conduire notre vie.

Le nom d'ordination est constitué par deux idéogrammes qui ont une signification profonde, infinie. Ils révèlent notre dimension éternelle. Le mien, par exemple, *Dokan,* signifie Anneau de la Voie. Celui de Deshimaru, *Taisen*, est Grand Sage. *Dogen* veut dire Source, Origine, de la Voie. Le *ketsumyaku* est le certificat sur lequel sont inscrits tous les noms de la lignée depuis le Bouddha Shakyamuni jusqu'à nous, le nom qui précède le nôtre étant celui de la personne qui donne l'ordination. Enfin, on reçoit le *kesa.*

Le kesa, le vêtement illimité

Le kesa est le vêtement symbole de l'Eveil de Bouddha et de sa transmission jusqu'à nos jours. Il est porté dans toutes les branches du bouddhisme mais il revêt une signification particulièrement importante dans le zen.

Originellement, on dit que Shakyamuni confectionna le premier kesa lorsqu'il cessa sa période ascétique. Il ramassa alors des morceaux de tissu souillés, les lava, les teignit avec de la terre ocre (ocre se dit *kasaya* en sanscrit, d'où le mot kesa) et les assembla. De tissus souillés, il fit le vêtement de Bouddha, le vêtement le plus haut ; comme pendant zazen lorsque nous réalisons le monde éternel avec notre corps et notre esprit limités, comme la fleur de lotus qui s'épanouit dans le marais boueux.

On raconte également qu'un jour, alors que le Bouddha avait déjà des disciples, le roi Bimbisara lui fit remarquer que rien ne les distinguait extérieurement des autres religieux. Bouddha leur dit alors de confectionner des kesas en s'inspirant des motifs que dessinaient les rizières dans les champs. C'est cette façon de faire qui s'est conservée.

Le kesa est une grande pièce de tissu constituée de plusieurs bandes cousues ensemble à la main selon une méthode bien définie. Il se porte en recouvrant l'épaule gauche pendant la pratique de zazen. Dans les régions chaudes de l'Inde, il se portait à même le corps, dans les régions froides de Chine, du Japon, de l'Occident, il se porte sur le kimono de zazen. Le nombre de bandes peut varier (sept et neuf sont le plus courant) et il existe un petit kesa, le *rakusu*, constitué d'une petite pièce de tissu en cinq bandes qui se porte pendant les activités quotidiennes. La couleur des kesas est sombre, mélangée, insaisissable. Coudre un kesa nécessite concentration et abandon de soi.

Le kesa est la manifestation matérielle de la vie illimitée. Il est objet de foi et possède des mérites infinis. Il est inséparable de zazen. Le kesa est remis lors de l'ordination et se transmet de maître à disciple.

Mais le kesa peut être porté par quiconque, moine ou laïc, adepte du zen ou d'une autre religion, saint ou criminel. Comme le zazen, comme l'éveil, comme le monde du non-né, le kesa est au-delà des catégories.

Textes de la cérémonie récitée à la fin du zazen

HANNYA SHINGYO
(Sutra de la grande sagesse)

Le Bodhisattva de la vraie liberté et de la compassion, par la pratique profonde de la grande sagesse, comprend que le corps et les cinq skandhas (sensation, perception, pensée, activité, conscience) ne sont que vacuité — ku — et, par cette compréhension, il aide tous ceux qui souffrent.

O Sariputra, les phénomènes ne sont pas différents de ku, ku n'est pas différent des phénomènes (la forme n'est pas différente du vide, le vide n'est pas différent de la forme), les cinq skandhas sont phénomènes également.

O Sariputra, toute existence a le caractère de ku, il n'y a ni naissance, ni commencement, ni pureté, ni souillure, ni croissance, ni décroissance.

C'est pourquoi dans ku, il n'y a ni forme, ni skandha, ni œil, ni oreille, ni nez, ni langue, ni corps, ni conscience ; il n'y a ni couleur, ni son, ni odeur, ni goût, ni toucher, ni objet de pensée ; il n'y a ni savoir, ni ignorance, ni illusion, ni cessation de l'illusion ; ni souffrance, ni déclin, ni mort, ni fin du déclin, ni cessation de la souffrance, ni connaissance, ni profit, ni non-profit.

Pour le Bodhisattva, grâce à cette sagesse qui conduit au-delà, il n'existe ni peur, ni crainte. Toute illusion, tout attachement sont éloignés et il ne peut saisir la fin ultime de la vie, le samadhi. Tous les bouddhas du passé, du présent et du futur peuvent atteindre la compréhension de cette suprême sagesse qui délivre de la souffrance, et permet de trouver la réalité. Cette incantation (mantra), incomparable et sans pareil, se dit :

Aller, aller ensemble, au-delà du par-delà,
sur les rives du satori.

Les quatre vœux

Si nombreux que soient tous les êtres, je fais vœu de les sauver tous.

Si nombreuses que soient les passions, je fais vœu de les vaincre toutes.

Si nombreux que soient les dharmas, je fais vœu de les acquérir tous.

Si parfaite que soit la Voie de Bouddha, je fais vœu de la réaliser.

Invocation

A tous les Bouddhas passés, présents et futurs dans les dix directions,
A tous les Bodhisattvas et les Patriarches,
La grande sagesse qui permet d'aller au-delà.

Bouddhas et Patriarches

HISTOIRE ET TRANSMISSION

L'expression « Bouddhas et Patriarches » est une formule classique et respectueuse utilisée dans les textes traditionnels du zen pour désigner les maîtres de la transmission du temps passé (le terme japonais est *busso*). Les Bouddhas sont les êtres éveillés, les patriarches sont les ancêtres et les fondateurs. L'une des caractéristiques essentielles du zen est d'être l'enseignement transmis d'une pratique. De tout temps on s'est ainsi référé à l'enseignement et à la pratique des anciens pour approfondir et authentifier l'enseignement et la pratique actuelles.

Le zen prend son origine en Inde, il y a 2 500 ans avec l'Eveil pratiqué par le Bouddha Shakyamuni et la transmission de cette pratique à son disciple Mahakashyapa. Il s'est ensuite répandu en Chine, puis au Japon et maintenant en Occident. Ici et maintenant, nous nous appuyons donc, et nous actualisons, la pratique et l'enseignement qui se sont développés au

Japon, en Chine et en Inde. Un fil invisible relie ces différentes générations au travers des continents et des civilisations si diverses. L'histoire du zen est l'histoire de cette transmission, l'histoire de ce fil.

Histoire du zen

En fait, il y a plusieurs façons d'aborder l'histoire du zen, qui ne sont d'ailleurs pas contradictoires. L'une d'entre elles consiste à s'appuyer uniquement sur les lignées officielles de maître à disciple telles qu'elles nous sont parvenues et telles qu'elles figurent sur les certificats remis lors des ordinations de moines. Vingt-huit générations conduisent alors du Bouddha Shakyamuni à Bodhidharma en Inde, vingt-trois générations de Bodhidharma à Dogen pour la lignée Soto en Chine, Dogen étant le cinquante et unième patriarche. Trente et une générations conduisent de Dogen à Deshimaru au Japon. Les disciples de Deshimaru qui enseignent en Europe sont donc les successeurs à la quatre-vingt-troisième génération du Bouddha Shakyamuni. Comme, au cours des siècles, il y a eu différentes lignées, on étudie également l'enseignement et la pratique des maîtres importants des autres lignées. L'histoire de ces différentes générations a été conservée dans différents recueils, comme par exemple le *Denko roku* du maître japonais Keizan, qui ont avant tout une vocation d'enseignement et une propension à l'hagiographie.

L'autre est de se fonder sur l'historiographie moderne qui s'appuie sur différentes sources et essaie de démêler les incohérences et la part inévitablement légendaire des recueils officiels. On entre là dans un travail d'historiens très spécialisés, certes intéressant, mais qui se perd trop souvent dans des détails et des querelles sans importance en oubliant l'essentiel.

En combinant ces deux approches, et en simplifiant, on peut dégager les grandes lignes de l'histoire du zen.

La période indienne

A vrai dire, la période indienne du zen nous est inconnue. Le Bouddha historique, Shakyamuni, est le fondateur à partir duquel s'est développé un vaste courant spirituel appelé bouddhisme. Le zen est la transmission intime de son expérience de l'éveil. Quel fut le déroulement de cette transmission ? Les différentes lignées qui se sont développées en Inde ? On ne le sait pas.

Mahakashyapa, un des disciples de Bouddha, est considéré par l'ensemble des écoles et par les historiens, comme le successeur de Shakyamuni à la tête de la Sangha et il est également considéré comme le premier patriarche indien par les lignées officielles de la transmission. Le deuxième patriarche est Ananda, un autre disciple de Shakyamuni. Parmi les vingt-huit noms qui se succèdent jusqu'à Bodhidharma — ce qui fait peu par rapport aux mille ans écoulés — on relève le nom de Nagarajuna (le quatorzième patriarche), l'un des plus importants philosophes du bouddhisme, fondateur de l'école de la Voie du milieu et commentateur des sutras de la Grande Sagesse. Le nom de Nagarajuna est associé à la doctrine centrale du bouddhisme Mahayana, l'identité de la vacuité et des phénomènes, sur laquelle se fonde aussi le zen. Un autre personnage important du bouddhisme, Vasubandhu, est intégré à la lignée indienne de la transmission (le vingt et unième patriarche) ; c'est un représentant de l'école Yogachara qui a donné naissance à d'autres écoles du bouddhisme chinois.

En fait, tout le monde s'accorde à reconnaître que cette lignée indienne de la transmission a été reconstituée artificiellement plus tard, en Chine. La pratique et l'enseignement de Bouddha ont continué à travers les siècles en Inde mais il ne semble pas que les Indiens aient eu le souci de tenir des listes exhaustives des maîtres et des disciples. Par ailleurs, le bouddhisme s'est éteint progressivement en Inde, d'abord en s'affaiblissant lui-même, ensuite par un renouveau de l'hindouisme, et enfin par les coups de boutoir de l'Islam en Asie centrale et en Inde du Nord.

La période chinoise.

Le zen apparaît dans sa spécificité en Chine aux alentours du VIe siècle. Selon la tradition, le fondateur serait un moine indien du nom de Bodhidharma, qui est à la fois le vingt-huitième patriarche indien et le premier patriarche chinois. Lui auraient succédé en ligne directe cinq patriarches : Eka, Sosan, Doshin, Konin, et Eno, le sixième patriarche (fin VIIe siècle-début VIIIe siècle).

Ce dernier a eu plusieurs disciples qui ont donné différentes lignées. Les deux principaux sont d'une part Seigen et son successeur Sekito, et d'autre part Nangaku et son successeur Baso. Au cours des siècles, ces lignées ont eu des ramifications, certaines se sont éteintes, d'autres ont développé certaines spécificités. Ainsi, au IXe siècle, on distingue cinq grandes « maisons » (ou lignées, ou écoles) du zen dont les deux plus importantes, qui ont continué au Japon et jusqu'à nos jours, sont la maison Soto, qui descend de Seigen et conduit à Deshimaru, et la maison Rinzai, qui descend de Nangaku.

D'un point de vue historique, la période la plus ancienne, celle des premiers patriarches, n'est pas claire. La tradition se rapportant à Bodhidharma comporte des parts évidentes de légende et des incohérences par rapport à d'autres sources ; la vie de ses successeurs est très peu connue et tout ce qui concerne Eno est brouillé par des interventions ultérieures et des querelles entre différents courants. Le développement historique du zen devient en fait lisible à partir de Sekito et Baso, au VIIIe siècle, qui sont le point de départ de la grande éclosion du zen en Chine, parfois appelé l'âge d'or du zen, à l'époque de la dynastie Tang. C'est sans doute de cette époque que date la coutume du certificat officiel de la transmission (les premiers patriarches confiaient à leur successeur le kesa [l'habit] et les bols du moine).

A partir du Xe siècle, on constate un affaiblissement du zen en Chine, du point de vue traditionnel comme de l'historique. La séparation en « maisons » a conduit certaines d'entre elles à s'éloigner de la seule pratique transmise et à adopter diverses techniques, comme l'étude des koans dans le zen Rinzai. Par ailleurs, le bouddhisme en général subit les contrecoups des grandes persécutions de la fin du IXe siècle et l'époque raffinée des Song est propice à des tentatives de syncrétisme entre taoïsme, bouddhisme et confucianisme, ainsi qu'à des débats intellectuels et des développements esthétiques qui se font au détriment de la pratique simple et sans but.

En ce qui concerne la lignée Soto qui nous intéresse principalement ici, les xᵉ et xɪᵉ siècles seront une période difficile où la transmission de la pratique n'est pas loin de se perdre. A partir de la fin du xɪᵉ siècle plusieurs maîtres d'envergure — Fuyo Dokai, Wanshi, Tendo Nyojo — redonneront vigueur à la pratique et à l'enseignement que recueillera le moine japonais Dogen au début du xɪɪɪᵉ siècle.

Le zen en Chine continuera par la suite à décliner et semble avoir disparu en tant que lignée de transmission sous la dynastie Ming. Sa situation actuelle, après les persécutions de la période communiste, et si jamais il a perduré sous une forme ou sous une autre, est très peu connue.

La période japonaise.

Le zen est transmis au Japon au xɪɪɪᵉ siècle, par le moine japonais Dogen pour la lignée Soto, et par d'autres moines pour la lignée Rinzai. Les données historiques sont beaucoup mieux connues même s'il reste des zones d'ombre, surtout pour les Occidentaux qui n'ont pas encore accès aux nombreuses études japonaises non traduites. La lignée Soto se répand au Japon à partir de Keisan (début du xɪvᵉ siècle) qui est à l'origine d'un grand nombre de lignées. Les deux « maisons » du zen connaîtront un important développement et influenceront profondément plusieurs aspects de la vie culturelle japonaise. Quelques grandes figures de maîtres zen japonais sont célèbres, par exemple, au xvɪɪɪᵉ siècle, Menzan et Ryokan pour le Soto et Hakuin pour le Rinzai.

Toutefois, le développement et la transmission du

zen au Japon ont également connu des vicissitudes et des périodes de déclin. L'institutionnalisation, la formation de hiérarchie cléricale, la richesse des temples, l'intervention du pouvoir temporel n'ont évidemment pas été toujours propices à la simple transmission de la pure pratique.

Ainsi à l'époque contemporaine, les moines — qui ont l'autorisation de se marier depuis l'ère Meiji, à la fin du XIXe siècle — se transmettent-ils généralement leur temple, source de revenus grâce aux cérémonies funéraires, de père en fils. La pratique de zazen a également largement dégénéré au profit des cérémonies et il est en fait plus facile de pratiquer en Europe qu'au Japon.

Même le certificat de transmission (le *shiho*), qui avait tant impressionné Dogen lors de son voyage en Chine, et dont l'esprit est au cœur de la transmission du zen, a perdu dans la plupart des cas de sa valeur. Il est intégré à un système clérical et administratif et, le plus souvent, il n'est qu'un document officiel, que tous les moines japonais possèdent. Ce tableau un peu sombre du zen japonais contemporain n'empêche pas qu'il y ait en son sein des maîtres et des moines qui aient continué la transmission du véritable zazen et qui incarnent l'esprit de Bouddha, mais ils restent souvent prisonniers d'un système sclérosé.

Heureusement, à chaque période de déclin apparaissent des maîtres qui reviennent à la pratique authentique et lui redonnent vigueur, en n'hésitant pas à bousculer les habitudes de la hiérarchie. Il en fut ainsi plusieurs fois par le passé et, à l'époque contemporaine, ce fut notamment le rôle de Kodo Sawaki puis de Taisen Deshimaru.

Le zen en Occident

Depuis quelques dizaines d'années le zen a été transmis en Occident. L'intérêt spéculatif des premiers intellectuels a fait place à la pratique avec l'arrivée à l'ouest de plusieurs moines japonais. Aux Etats-Unis, plusieurs lignées se sont implantées, par exemple celle de Shunryu Suzuki (1905-1971) qui s'est installé à San Francisco dès 1958 et qu'il ne faut pas condondre avec Daisetsu Suzuki, un savant bouddhiste qui publia de célèbres *Essais sur le bouddhisme zen* et qui s'intéressait à une approche purement spéculative du zen.

En Europe la pratique du zen a été transmise par Taisen Deshimaru (1914-1982) et elle l'est maintenant par ses disciples occidentaux, qui sont également présents en Amérique. Il existe actuellement de très nombreux lieux de pratique et un certain nombre d'enseignants. Comme dans toute période de développement, il règne même une certaine confusion entre les disciples qui se réclament de Deshimaru, ceux qui l'ont peu connu mais s'intronisent maîtres zen, les Occidentaux qui ont pratiqué au Japon ou en Corée, les représentants du zen chrétien, les ramifications des lignées américaines et les moines d'origine asiatique. Ce foisonnement témoigne de la vigueur de l'implantation du zen en Occident.

L'enseignement des Bouddhas et des Patriarches

Dans les pages qui suivent, je présente l'enseignement et la pratique de la Voie d'un certain nombre des principaux maîtres de la transmission du zen. Pour les plus récents, à partir de maître Dogen, je donne leur biographie et des extraits de leurs enseignements ; pour les plus anciens, je cite les anecdotes, les dialogues, les poèmes ou les sermons qui leur sont attribués. Une part de légende entre dans les récits se rapportant aux premiers Patriarches ; l'important n'est pas la vérité historique mais le caractère exemplaire de la pratique et de la réalisation de ces anciens maîtres.

Cette pratique peut nous paraître inaccessible tant l'engagement des moines du temps passé nous semble total. Nous vivons dans une époque différente et on ne peut comparer notre mode de vie à celui de la Chine médiévale. Et puis, même lorsque Bodhidharma pratiquait zazen dans sa grotte, il devait aussi se lever, manger, dormir, aller aux toilettes L'histoire a retenu ce qui était important.

C'est l'esprit de cette pratique que nous devons comprendre. L'enseignement des Bouddhas et des Patriarches n'est pas de l'histoire ancienne. Ici et maintenant, l'expression de leur réalisation touche notre corps et notre esprit. Ici et maintenant, lorsque nous pratiquons, nous actualisons leur éveil.

SHAKYAMUNI

Shakyamuni, le Bouddha historique, est le fondateur du zen et d'un des plus importants courants spirituels de l'humanité. Il est né dans le nord de l'Inde, au VIe siècle avant J.-C., et sa vie nous est relatée par les anciens sutras. Elle contient sa part de légendes mais également de nombreuses anecdotes qui ont la saveur de l'authenticité. Pour tous ses disciples, et pour les autres, son cheminement reste exemplaire et sa réalisation nécessairement insurpassable. Shakyamuni, l'homme, et Bouddha, l'Eveillé, sont unité. Cela est le fondement de notre pratique. La réalisation de cela avec notre propre corps et notre propre esprit est la Voie suivie par des générations depuis les anciens temps.

De l'esprit d'éveil à l'Eveil

Shakyamuni appartient à la caste des guerriers et il est le fils du roitelet d'une région pauvre et montagneuse. Il mène une adolescence conforme à son statut social, il se marie et a un fils. Son premier éveil, nous dit la tradition, provient de la rencontre successive d'un malade, d'un vieillard, d'un cadavre et d'un religieux errant. Cette prise de conscience des souffrances et de la précarité de la condition humaine, et la vision de cet homme apparemment libéré de ce fardeau, font naître en lui ce qu'on appelle *bodaishin*, l'« esprit d'éveil ». Il ne peut plus se contenter de la jouissance des biens matériels et du pouvoir auxquels le destine son rang, et il décide de vouer sa vie à résoudre le problème de la vie et de la mort, pour lui-même et pour les autres. Ce vœu marque le début de sa quête.

Shakyamuni quitte alors sa famille et rejoint les groupes de religieux errants qui vivent dans les forêts himalayennes. Il suit l'enseignement de plusieurs maîtres et participe aux débats philosophiques et métaphysiques de l'époque qui tournent autour de la question de savoir si ce monde existe ou n'existe pas. Il se livre également sans compter à des pratiques méditatives ascétiques pour se débarrasser de ses impuretés. Au terme de six années d'une quête effrénée, épuisé par les privations, il réalise l'inanité de ces débats métaphysiques où l'esprit s'égare et de cet ascétisme outrancier où le corps se désagrège. Au grand dam de ses compagnons, il abandonne cette vie tourmentée. Cet abandon est le commencement de son Eveil.

Shakyamuni ne renonce pas pour autant à sa recherche. Eclairé par ses prises de conscience successives, il décide de restaurer son corps en le lavant et en le nourrissant, aidé en cela par la belle paysanne Sunyata qui lui apporte à manger. Puis il se rend sous l'arbre de la Bodhi, fermement déterminé à réaliser l'Eveil suprême. Il se confectionne un coussin d'herbe et s'assoit le dos droit, résolu à ne pas bouger quoi qu'il arrive. C'est dans cette posture qu'il pratique zazen toute la nuit et que son Eveil complet est certifié par l'étoile du matin lorsqu'il déclare : « Moi, et la Terre entière et tous les Etres, ensemble, avons réalisé la Voie. »

Les conditions de notre zazen

La description de ces épisodes qui conduisent Shakyamuni à l'Eveil correspond exactement aux conditions de notre zazen.

L'esprit d'éveil et le vœu de le réaliser sont le point de départ sans lequel la pratique n'est qu'un passe-temps ou une contrainte. L'abandon du « vouloir prendre », que ce soient des biens matériels ou une vérité spirituelle, et du « vouloir rejeter », que ce soient le corps ou les impuretés, sont l'actualisation de la Voie. « Parce que vous voulez saisir ou rejeter, vous n'êtes pas libre », dit Sosan dans le *Shin Jin Mei.* C'est quand cette volonté a cessé que Shakyamuni a pu « seulement s'asseoir » sous l'arbre de la Bodhi. Mais dans le même temps il manifestait une détermination inébranlable, l'« engagement total » dont parle Dogen, dont seule une personnalité hors du commun est capable.

L'état d'esprit de Shakyamuni pendant la nuit de l'éveil a également été décrit par les sutras. Systématisés, rangés par catégories de pensée et de compréhension pour les besoins de l'enseignement et de la littérature, ces états de conscience renvoient à l'expérience subjective du zazen. On dit ainsi qu'il subit les tentations du démon Mara, la volupté, l'agressivité, l'argutie intellectuelle. Puis il comprit son propre karma depuis d'innombrables naissances antérieures, puis le karma de tous les êtres, et il réalisa les mécanismes de l'interdépendance, de la production des phénomènes, et de l'origine de la souffrance. Tout cela s'éleva spontanément de son propre esprit illimité, sans qu'il ne bouge, sans qu'il ne suive, ni ne rejette aucune de ses pensées. Totalement absorbé dans la concentration du miroir de zazen, Shakyamuni devint Eveil, le subjectif rencontrait l'objectif. Il ouvrait la Voie.

Il déclara alors : « Moi, et la Terre entière, et tous les Etres, avons réalisé la Voie. » Dans le monde de l'Eveil, tout participe de cet Eveil. Il aurait aussi bien pu dire : « Moi et l'étoile du matin avons réalisé la Voie. » Ce qui réalise l'Eveil est l'Eveil, c'est-à-dire « Moi et la Terre entière et tous les Etres ». Cela est l'Eveil de Bouddha, ce qui a été transmis, c'est-à-dire zazen. C'est ce que nous pratiquons, ce que nous cherchons à clarifier, lorsqu'on marche sur la Voie du zen, sur la trace du Bouddha et des Patriarches.

Ayant découvert zazen, Shakyamuni Bouddha continua à le pratiquer, à l'approfondir et à l'enseigner pendant près de cinquante ans. Il enseigna à de très nombreux disciples, adaptant son discours à la qualité de ses auditeurs. Bien qu'il possédât toutes les caractéristiques d'un bouddha, dit Keizan, « il avait l'aspect d'un vieux moine et n'était pas différent des autres ». Le vieux moine Shakyamuni enseigna donc à partir de la Sagesse et de la Compassion illimitée de Bouddha, à partir de zazen qui en est l'essence où se meuvent librement tous les phénomènes.

MAHAKASHYAPA

Mahakashyapa fut le disciple et le successeur du Bouddha Shakyamuni, le premier patriarche indien du zen, selon les lignées de transmission. Mahakashyapa est également reconnu par toutes les écoles bouddhiques et par les historiens. Il fut celui qui assuma la direction de la sangha au concile de Rajagriha, qui se tint juste après la mort du Bouddha.

Mahakashyapa faisait partie du groupe des proches disciples de Shakyamuni dont l'histoire a conservé les noms, avec Ananda (le deuxième patriarche), Upali, Maugdalayana, Sariputra, etc. Il était issu d'une famille de brahmanes aisée et était réputé pour son austérité et son intransigeance. Des divergences de vues par rapport à la discipline l'opposèrent d'ailleurs lors du concile à Ananda, cousin et secrétaire de Shakyamuni, qui allait devenir son successeur selon la tradition. Il semble qu'il ait été fortement imprégné des pratiques religieuses traditionnelles de son époque, avec lesquelles le Bouddha avait opéré une rupture. Toutefois l'important est que la tradition zen l'ait reconnu comme son premier patriarche, conformément aux autres relations historiques, et que la transmission de Shakyamuni à Mahakashyapa devint la première manifestation de la succession des Bouddhas et des Patriarches.

Faire tourner la fleur

Un jour, le Bouddha Shakyamuni faisait une conférence devant des milliers de disciples sur le pic des Vautours. A la fin de son sermon, il prit une fleur et la fit délicatement tourner entre ses doigts, silencieusement. Seul dans la nombreuse assistance, Mahakashyapa sourit. Alors Shakyamuni dit : « Je possède le trésor de l'œil de la vraie Loi, le pur esprit du nirvana. Ici et maintenant, je le transmets à Mahakashyapa. »

Cela est le début de la transmission « d'esprit à esprit », *I shin den shin*. Ce « faire tourner la fleur » est ce qui s'est intimement transmis de maître à disciple pendant des générations.

Dans cette histoire, il faut comprendre seulement ce qui est. Shakyamuni fait tourner la fleur entre ses doigts. Mahakashyapa sourit.

A ce moment-là, quand il fait tourner la fleur, Shakyamuni exprime la totalité de l'univers comme lorsqu'il avait dit, lors de son éveil, « Moi, la Terre entière et tous les êtres, avons réalisé l'éveil. » Mahakashyapa, lorsqu'il sourit, exprime aussi la totalité de l'univers. En fait Shakyamuni sourit et Mahakashyapa fait tourner la fleur. Dans le monde illimité, il n'y a rien à donner, rien à recevoir.

« Le trésor de l'œil de la vraie Loi, le pur esprit du nirvana », *Shobogenzo nehan myoshin* en japonais, est la manifestation de l'ultime réalité. A ce moment-là tous deux le réalisent complètement et l'expriment l'un par un sourire, l'autre en faisant tourner la fleur entre ses doigts. Il n'y a plus de différence entre Shakyamuni, Mahakashyapa, la Terre entière et tous les êtres.

Alors s'actualise la transmission *I shin den shin*, d'esprit à esprit. Non pas de l'esprit limité de Shakyamuni à l'esprit limité de Mahakashyapa, mais de l'esprit illimité de Bouddha à l'esprit illimité de Bouddha, c'est-à-dire de l'esprit illimité de Shakyamuni à l'esprit illimité de Mahakashyapa, ce qui est une seule et même chose.

Ce *Shobogenzo nehan myoshin*, dit maître Menzan, est « l'Eveil authentique de Bouddha qui précède le langage, la conscience discriminante et l'esprit attaché à ses illusions... C'est ce qui s'est transmis au travers des générations de Shakyamuni à Bodhidharma, puis jusqu'à Dogen. Ce n'est rien d'autre que la pratique-réalisation que nous pratiquons aujourd'hui, ce que nous appelons zazen. »

Ainsi lorsque nous pratiquons totalement la conscience hishyrio, au-delà de notre esprit discriminant, se réalise *Shobogenzo nehan myoshin*. Shakyamuni fait tourner la fleur et Mahakashyapa sourit.

C'est la transmission du zen, la manifestation de l'éveil authentique des Bouddhas et des Patriarches.

BODHIDHARMA

Bodhidharma est le vingt-huitième patriarche indien et le fondateur du zen en Chine où il devint de ce fait le premier patriarche du zen chinois. C'est la grande figure légendaire du zen chinois et l'un des personnages les plus populaires du bouddhisme dans tout l'Extrême-Orient. Bien que les historiens se perdent en conjectures sur son activité réelle, il incarne avec force l'implantation du zen en Chine et demeure le point de référence des Patriarches.

La pierre précieuse

D'après la tradition, Bodhidharma était le troisième fils d'un roi du sud de l'Inde qui fut instruit par le vingt-septième patriarche, Hannyatara. Un jour, alors que Bodhidharma était encore jeune, Hannyatara présenta aux trois fils une merveilleuse pierre précieuse que lui avait donnée le roi en leur demandant à quoi la comparer.

Les deux premiers fils répondirent : « C'est un trésor inestimable que rien ne peut surpasser. Grâce à votre compréhension de la Voie, vous avez pu le recevoir. »

Bodhidharma dit : « C'est un trésor vulgaire, mondain, qui ne saurait être comparé au trésor du Dharma, le seul inestimable. La lumière de ce joyau a besoin d'être reconnue pour être estimée. Mais quand les êtres réalisent la Voie, la lumière de l'Esprit apparaît naturellement. »

Impressionné par cette réponse, Hannyatara reconnut qu'il avait affaire à un futur grand sage. Il demanda à nouveau : « Parmi tous les phénomènes, lequel est sans forme ? »

Bodhidharma : « Le non-né est sans forme. »

Hannyatara : « Parmi tous les phénomènes, lequel est le plus grand ? »

Bodhidharma : « La réelle nature des phénomènes est la plus grande. »

Bodhidharma resta par la suite de longues années auprès de son maître et, après la mort de celui-ci, décida de partir en Chine, ce que lui avait conseillé Hannyatara.

Mondo avec l'empereur Wu

Bodhidharma arriva en Chine du Sud au début du VIe siècle de notre ère (les dates divergent selon les versions), à un âge sans doute déjà avancé.

A l'époque, le bouddhisme était répandu en Chine depuis quelques siècles et il y régnait une grande ferveur religieuse : les communautés monastiques étaient soutenues par les souverains, l'œuvre de traductions des sutras battait son plein et les moines chinois entreprenaient de dangereux périples pour rejoindre l'Inde afin d'y recueillir des enseignements.

L'empereur Wu de la dynastie Liang installée en Chine du Sud apprit la venue d'un grand sage indien et convoqua Bodhidharma en son palais. Fervent dévot, l'empereur accomplissait de nombreuses bonnes œuvres pour la propagation du bouddhisme. L'empereur demanda :

« — J'ai construit de nombreux stupas, protégé de nombreux temples, fait traduire de nombreux sutras, aidé de nombreux moines. Quels sont mes mérites ?

— *Mu kudoku.* Aucun mérite, pas de bénéfice, répondit Bodhidharma.

— Pourquoi ?

— Les mérites de vos services sont infimes et deviendront la source d'illusions et de désirs. C'est identique à poursuivre une ombre.

— Qu'y a-t-il alors d'authentique ?

— La pure sagesse est merveilleuse et parfaite dans sa réalisation. Elle est sans substance, paisible.

— Dans ce cas, quel est le sens ultime de la Sainte Vérité ?

— *Kakunen Musho.* Un vide insondable, au-delà de la sainteté.

Complètement impressionné, l'empereur demanda alors :

— Mais alors, qui est celui qui est en face de moi ?

— *Fu shiki.* Non-conscience, au-delà, je ne sais pas », répondit Bodhidharma.

Cette entrevue est restée très célèbre, ce mondo est le premier « dialogue zen » sur la terre de Chine.

A propos de *kakunen musho*, maître Deshimaru dit : « dans *kakunen musho*, il n'y ni sol, ni plafond, ni plancher, ni toit. Pas de dessous, pas de dessus, ni porte du sud, ni porte de l'ouest, de l'est, du nord. Il n'y a ni bien, ni mal, ni haine, ni amour. Cela fait complètement partie du ciel pur, sans nuage, bleu, immense, infini. Il n'existe aucun point de rencontre, tout est infini. Ainsi est *kakunen musho.* Cela est l'essence du zen, au-delà de la sainteté et de la folie. »

L'empereur ressentait qu'il avait devant lui un saint homme mais il ne pouvait pas le comprendre. Son esprit était dans la dualité et il attendait des réponses à son niveau. Sa dimension était différente et Bodhidharma réalisa qu'il ne pouvait rien lui enseigner.

Alors Bodhidharma partit du palais et s'enfuit vers la Chine du Nord. Maître Keizan dit : « Total, obscur, il s'enfuit dans la nuit. »

Neuf ans face au mur

Bodhidharma traversa le Yang Tse et se rendit au monastère de Shao Lin sur le mont Song Chan, dans le nord du pays.

Il s'installa alors dans une grotte et resta pendant neuf ans en zazen, assis imperturbablement face au mur. On raconte que, pour ne pas dormir, il se coupa les paupières, lesquelles, jetées à terre, prirent racine et donnèrent naissance à l'arbre à thé, dont les feuilles aident à vaincre la somnolence. Ces neuf années impressionnèrent fortement les populations qui l'appelèrent le « brahmane assis face au mur ». De cette pratique intense date la popularité de Bodhidharma dont le portrait a été recopié par les peintres de toutes les générations et qui est aussi représenté sous la forme d'une poupée assise dont le socle est lesté et qui reprend toujours sa position verticale.

De cette époque datent également les termes de zazen, et d'école zen, car Bodhidharma était assis — c'est-à-dire *za* — dans une posture ressemblant à celle des méditations connues — c'est-à-dire *zen* (chan en chinois, dhyana en sanscrit). Cependant Bodhidharma ne s'entraînait pas du tout à la méditation. Pendant ces neuf années, il ne faisait qu'actualiser *Shobogenzo nehan myoshin*, l'authentique Eveil du Bouddha transmis à Mahakashyapa et aux Patriarches suivants, lequel n'est pas un entraînement mais englobe l'univers entier. C'est pour cela que ces « neuf années face au mur » ont fermement implanté le zen en Chine et que, près de quinze siècles après, on peut reprendre les termes que Dogen utilisait il y a sept cents ans : « On ressent encore l'influence de Bodhidharma, dont la transmission du sceau jusqu'à nos jours a conservé le souvenir de ses neuf années face au mur. »

A Shaolin, Bodhidharma eut plusieurs disciples dont la fille de l'empereur régnant sur la Chine du Nord et Eka, qui se coupa le bras, et devint le deuxième patriarche chinois. Puis il disparut. Certains disent qu'il est retourné en Inde, d'autres qu'il est mort assassiné, empoisonné comme Socrate. Il aurait été enterré dans les mont du Honan mais, quelque temps plus tard, un pèlerin le rencontra au Turkestan alors qu'il rentrait dans son pays, chaussé d'une seule sandale. Revenu en Chine, le pèlerin raconta l'histoire aux disciples de Bodhidharma qui ouvrirent son tombeau. Celui-ci était vide, ne contenant qu'une seule sandale.

Quoi qu'il en soit, Bodhidharma apporta la graine du zen en Chine et celle-ci allait se développer en un arbre vigoureux. Et pendant des générations, les moines demanderont à leur maître : « Pourquoi Bodhidharma est-il venu de l'ouest ? »

EKA et SOSAN

Eka est le successeur de Bodhidharma, le deuxième patriarche chinois et le vingt-neuvième patriarche depuis Mahakashyapa.

Sosan est le troisième patriarche chinois.

Erudit chinois versé dans les philosophies taoïste, confucéenne et bouddhiste, Eka pressentait que ses vastes connaissances livresques étaient insuffisantes et qu'il devait trouver un maître pour mettre en pratique les enseignements. Il est ainsi le premier de ces nombreux lettrés chinois qui abandonnèrent leurs études pour se rendre auprès de maîtres du zen.

Se trancher le bras

Il était âgé de quarante ans lorsque, ayant entendu parler de la réputation de Bodhidharma, il se mit en route pour le temple de Shaolin. Après un périple difficile, dans le froid d'un hiver rigoureux, il arriva devant la grotte où Bodhidharma pratiquait zazen. Il lui demanda alors de devenir son disciple. Bodhidharma ne daigna pas lever un sourcil.

Plusieurs fois, Eka réitéra sa demande sans obtenir plus de réponse. La neige tombait et Eka restait devant la grotte. Il demeura là plusieurs jours dans la neige qui s'amoncelait face à l'imperturbable patriarche.

A la fin, voulant prouver lui aussi sa détermination, il prit son sabre, se trancha le bras gauche et le tendit à Bodhidharma. Celui-ci consentit à l'accepter comme disciple.

Cet épisode avec Eka se tranchant le bras, debout dans la neige devant la grotte de Bodhidharma, est un « classique » du zen maintes fois pris en exemple et reproduit sur des estampes. Il symbolise la détermination du disciple qui veut suivre la Voie. En Chine et au Japon, il était ainsi traditionnel de laisser un moine trois jours devant la porte avant de l'autoriser à entrer. Aujourd'hui les mœurs se sont adoucies mais cet esprit demeure.

Bodhidharma lui demanda :

« — Que veux-tu ?

— Mon esprit ne trouve pas la paix. S'il vous plaît, pacifiez-le.

— Apporte-moi ton esprit et je le pacifierai.

— Je ne peux l'apporter, je le cherche, mais il est introuvable.

— Alors, il est déjà pacifié. »

Eka resta six ans auprès de Bodhidharma qui lui conféra la transmission et fit de lui son successeur. Il vécut ensuite de nombreuses années parmi les simples travailleurs, refusant de prendre en charge des disciples au monastère de Shaolin.

Lavez-moi de mes péchés

Plus tard, Eka s'installa dans le Nord où il enseigna et rencontra celui qui allait devenir le troisième patriarche, Sosan.

Celui-ci, âgé de plus de quarante ans, était laïc et lépreux. Eka vint le voir après un sermon et lui dit : « Tu souffres de la lèpre. Que peux-tu attendre de moi ? » Sosan répondit : « Même si mon corps est malade, mon esprit n'est pas différent du vôtre. » Eka le prit alors comme disciple.

Une autre fois, Sosan demanda :

« — Maître, mon corps est atteint d'une maladie mortelle. S'il vous plaît, lavez-moi de mes péchés.

— Apporte-moi tes péchés et je les laverai, répondit Eka.

— Je les cherche, mais je ne peux les trouver.

— Alors, je les ai déjà totalement lavés. Maintenant, tu dois rejoindre le Bouddha, le Dharma et la Sangha » (les « Trois Joyaux » du bouddhisme ; Eka lui dit ainsi de suivre la Voie de Bouddha).

Ce dialogue est une suite au dialogue entre Bodhidharma et Eka.

« — En vous voyant, je sais ce qu'est un moine (c'est-à-dire la sangha), mais je ne comprends pas encore ce que signifie Bouddha et Dharma, dit Sosan.

— L'esprit est Bouddha, l'esprit est Dharma. Le Bouddha et le Dharma ne sont pas deux et ils ne sont pas différents de la Sangha, répliqua Eka.

— Aujourd'hui, pour la première fois, dit alors

Sosan, je comprends que la nature de mes péchés n'est ni à l'intérieur, ni à l'extérieur, ni entre les deux. L'esprit est un, et le Bouddha et le Dharma également. »

Eka fut vivement impressionné par ces réponses. Il lui rasa le crâne et lui conféra l'ordination de moine en l'appelant « Trésor de la Sangha » (Sosan).

Sosan passa deux années à servir Eka et guérit progressivement de la lèpre. Puis il reçut le kesa et la transmission d'Eka. Il mourut en pratiquant kin hin.

Le poème sur la foi en l'esprit

Sosan est l'auteur du plus ancien texte chinois de la tradition zen. Il s'agit d'un long poème intitulé le *Shin Jin Mei*, ou « Poème sur la foi en l'esprit ». Chacun de ses versets exprime l'essence du zen et ils ont été commentés depuis par toutes les générations de maîtres. Le *Shi Jin Mei* commence ainsi :

Pénétrer la Voie n'est ni facile ni difficile,
Mais il ne faut ni amour, ni haine, ni choix, ni rejet.

N'éprouvant ni amour ni haine,
Perspicace, clairvoyante, pénétrante (est) la compré-
[hension.

S'il se crée dans l'esprit une singularité
Aussi infime qu'une particule
Aussitôt une distance illimitée
Sépare le ciel et la terre.

Si vous réalisez ici et maintenant le satori
L'idée de vrai et de faux
Ne doit plus pénétrer dans votre esprit.

Dans notre conscience, la lutte entre le juste et le faux
Débouche sur la maladie de l'esprit.
Si nous ne pouvons pénétrer à la source des choses,
Notre esprit s'épuisera en vain.

Elle est ronde, en paix, large comme le vaste cosmos,
[parfaite,
Sans la moindre notion de demeurer ou de rupture.

En vérité, parce que nous voulons saisir
Ou rejeter, nous ne sommes pas libres.

DOSHIN

Le quatrième patriarche, Doshin (580-651), est à l'origine de la tradition monastique du zen, ses prédécesseurs ayant mené une existence de moine errant. Il rencontra Sosan vers l'âge de quatorze ans et resta auprès de lui neuf années. Lorsque Sosan décida de se retirer dans le sud de la Chine, il refusa que Doshin l'accompagne et fit de lui son successeur. Il lui remit les bols et le kesa du patriarcat en lui disant : « Demeure ici et répands le bien à profusion. »

Doshin resta d'abord quelques années à enseigner le zazen de Bodhidharma dans un monastère du mont Lu, dans la province du Kiangsi. De cette époque date le récit d'un miracle qu'il accomplit et qui lui conféra un grand prestige. Il résidait alors dans le temple d'une ville qui fut assiégée par des bandits. La population était menacée de famine et les puits se tarissaient peu à peu. Doshin réunit tous les habitants et leur fit réciter le « Sutra de la grande Sagesse » (*Hannya Shingyo*).

L'eau se mit à sourdre de nouveau au fond des puits et des personnages gigantesques apparurent au sommet des fortifications : les bandits, épouvantés, prirent la fuite et la ville fut sauvée.

Le premier monastère zen

Quelque temps plus tard, Doshin aperçut un étrange nuage pourpre qui surplombait une montagne proche. Voyant en cela un présage, il décida de s'installer sur cette montagne et d'y fonder un monastère. Ce fut le premier monastère zen et la montagne est passée à la postérité sous le nom de « mont des deux cimes » : c'est dans ce lieu qu'enseigna son successeur Konin et que le jeune Eno composa son poème fameux qui le désigna comme le sixième patriarche.

Doshin resta près de trente ans, jusqu'à sa mort, dans ce monastère. Au cours de ces années, il y éduqua quelque cinq mille disciples, le monastère pouvant abriter cinq cents d'entre eux. La communauté vivait de sa propre production agricole et non plus de mendicité comme c'était la tradition en Inde. Le temps était partagé entre le zazen, l'agriculture et l'administration. Avec Hyakujo qui, plus tard, institua les règles monastiques, Doshin est donc le fondateur de la tradition des monastères zen où le travail est intégré à la pratique. Cela leur permit d'ailleurs de mieux se faire accepter de la mentalité chinoise et de mieux traverser les futures persécutions du bouddhisme à l'inverse des monastères d'autres écoles qui prospéraient grâce aux dons et au travail des laïcs.

Doshin profita aussi de la stabilité engendrée par l'unification de l'Empire, d'abord avec l'éphémère dynastie Sui puis avec la dynastie Tang. Alors que ses prédécesseurs Eka et Sosan vivaient dans une époque troublée qui les contraignait à un quasi-anonymat et à d'incessants déplacements, Doshin put réunir autour de lui de nombreux disciples venus de toute la Chine et établir ainsi fermement la pratique du zen.

Faire zazen est essentiel à toute autre chose

Il ne faut pas pour autant ne voir en Doshin qu'un simple organisateur de communauté. Il consacra toute sa vie à la pratique de zazen et Dogen a écrit qu'il ne posait jamais son flanc sur un lit, ce qui est sans doute exagéré. Quoi qu'il en soit, il insista sur l'enseignement du zazen à l'exclusion d'autres pratiques comme la récitation des sutras répandue dans tous les autres monastères bouddhiques. Avec Doshin, l'esprit de Bodhidharma se répand et la tradition du zen s'affirme dans son authenticité.

Dans un sermon, il dit : « C'est avec gravité que vous devez vous asseoir en zazen ! Faire zazen est essentiel à toute autre chose. Quand vous aurez fait cela pendant trois à cinq ans, vous serez capable de prévoir l'inanition en vous nourrissant très peu. Fermez la porte et asseyez-vous ! Ne lisez pas les sutras et n'adressez la parole à personne ! Si vous avez la volonté de vous exercer de cette manière et de persister longtemps, le fruit en sera aussi doux que la chair qu'un singe tire de la coque d'une noix. Mais de telles personnes sont très rares. »

« Vous n'êtes pas libéré ! »

A la même époque que Doshin vivait un autre grand moine du nom de Hoyu. Il s'était retiré dans une grotte sur une montagne, non loin du monastère de Doshin. Hoyu possédait une grande force spirituelle et l'on dit que le rayonnement de son esprit illuminé était tel que les oiseaux venaient de toute la région lui offrir des fleurs en offrande. Doshin décida de rencontrer ce saint homme.

Après plusieurs jours de marche et de recherche, il trouva Hoyu assis en méditation sur un rocher près de sa grotte. Alors que les deux hommes se saluaient, le rugissement d'un tigre se fit entendre. Doshin sursauta. Hoyu, l'ami des animaux, sourit et lui dit : « Je vois que vous n'êtes pas encore libéré. »

Doshin ne répliqua pas, mais quand, un peu plus tard, Hoyu s'éloigna quelques instants, il en profita pour calligraphier, sur le rocher qu'il venait de quitter, le caractère signifiant « Bouddha ». Lorsque Hoyu revint, il vit l'idéogramme au moment de s'asseoir et, surpris, se releva brusquement. A son tour Doshin lui retourna sa remarque : « Je vois que vous n'êtes pas libéré. »

Hoyu comprit alors que, malgré sa pratique sainte, il lui manquait l'essentiel et il demanda à Doshin de le lui enseigner. Doshin fit le sermon suivant :

« Rien ne manque en vous et vous n'êtes pas différent du bouddha. Il n'y a pas d'autre manière de parvenir à l'état de bouddha que de laisser à votre esprit la liberté d'être lui-même. Vous ne devriez contempler ni purifier votre esprit. N'y laissez entrer ni désir obsédant ni haine. Soyez sans limite et absolument libre de toutes les conditions. Ayez la liberté d'aller dans la direction qu'il vous plaît, quelle qu'elle soit. N'agissez ni dans le but de faire le bien ni dans celui de poursuivre le mal. Que vous marchiez et que vous restiez, que vous soyez assis ou couché, quoi qu'il vous arrive il s'agit de la merveilleuse activité du Bouddha. Tout est joie, sérénité — c'est ce qu'on appelle Bouddha. »

Hoyu abandonna alors toute chose, et les oiseaux ne vinrent plus lui apporter de fleurs.

« Emportez ma tête »

Une autre fois, l'empereur, qui le respectait beaucoup, l'invita à se rendre au palais. Il s'agissait de l'empereur Taizong, le fondateur de la dynastie Tang, un souverain particulièrement puissant. Doshin refusa poliment l'invitation. Taizong réitéra son invitation, que Doshin refusa par trois fois. Finalement l'empereur envoya un messager impérial et en lui disant : « S'il ne veut pas se rendre au palais, rapportez-moi sa tête. » Mis au courant de l'instruction de l'empereur, Doshin tendit le cou devant le sabre du messager et dit : « Si vous voulez couper ma tête, coupez-la et emportez-la. Il se peut qu'elle aille avec vous, mais mon esprit n'ira jamais. » Le messager fut dans l'incapacité de lui trancher la tête et, rapportant les faits à l'empereur, celui-ci fut totalement impressionné et respecta plus encore Doshin.

Cette manière de faire s'est perpétuée dans la tradition zen et nombreux sont les maîtres, comme Fuyo Dokai, Tendo Nyojo, Dogen qui refusèrent les honneurs et les titres accordés par les souverains ou les puissants.

En 651, à l'âge de soixante et onze ans, il dit à ses

disciples : « Tous les phénomènes sont parfaitement libres. Vous devez réaliser cela et le transmettre à la postérité. » Quand il eut fini de parler, il s'assit en zazen et mourut. Son corps fut placé dans un mausolée sur le flanc de la montagne. L'année suivante, la porte du mausolée s'ouvrit d'elle-même. Il était exactement comme s'il était en vie. Ses disciples laissèrent la porte ouverte.

DAIKAN ENO

Eno (638-713) est le sixième patriarche du zen chinois et le dernier de la lignée patriarcale directe qui conduit de Bodhidharma jusqu'à lui-même. Il eut plusieurs successeurs, interrompant ainsi cette lignée unique, qui donnèrent naissance à différentes lignées, lesquelles se constituèrent plus tard en école ayant chacune leurs spécificités. Il est ainsi à l'origine de la grande éclosion du zen qui se produisit à l'époque Tang et est considéré par certains comme le deuxième fondateur du zen en Chine. Eno est également très connu, en Occident, sous son nom chinois de Hui Neng.

Le sutra du diamant

Eno est né en Chine du Sud près de Canton. Orphelin de père, il vivait très pauvrement avec sa mère. Analphabète, il coupait du bois dans la forêt pour le revendre dans les rues afin de subvenir à leurs besoins.

Un jour, alors qu'il livrait du bois sous la pluie, il entendit un homme réciter le sutra du diamant dans une maison. A la phrase « lorsque l'esprit ne demeure sur rien, le véritable esprit apparaît », il s'éveilla soudainement. Bien qu'il fût jeune et illettré, c'était un être de grande capacité et il fut saisi par cette phrase du sutra qui traduit la conscience métamorphosée de l'éveil, la conscience de zazen. Maître Dogen illustre cette phrase clé par ce commentaire : « L'oiseau aquatique va et vient, sa trace est effacée mais il ne perd pas son chemin. »

Eno pénétra dans la maison et demanda à l'homme ce qu'il lisait. Il apprit qu'il s'agissait du sutra du diamant qu'enseignait maître Konin, le cinquième patriarche, dont l'homme était un disciple. Eno prit la résolution de rejoindre le monastère de Konin dans les montagnes de l'Est malgré la douleur qu'engendrait sa séparation d'avec sa mère.

Où la poussière pourrait-elle se déposer ?

Lors de leur première entrevue, Konin lui demanda : « D'où venez-vous ? » Eno répondit qu'il venait de Chine du Sud. Konin dit alors : « Vous êtes un barbare du Sud. Comment pouvez-vous espérer atteindre l'éveil ? » Eno rétorqua : « Il se peut que les individus soient différents dans le Nord et dans le Sud, mais l'éveil est le même dans les deux régions. » Konin reconnut immédiatement les qualités d'Eno mais, étant donné ses origines et son jeune âge, il ne fut pas intégré à la communauté mais affecté à la cuisine pour blanchir le riz en le pilant.

Quelque temps plus tard, Konin réunit ses disciples et leur expliqua qu'il devenait vieux et qu'il était temps qu'il choisisse un successeur. Pour décider de celui à qui il remettrait la transmission, il leur dit : « Que chacun d'entre vous écrive un poème qui exprime votre compréhension du zen. »

La nouvelle fit sensation dans ce grand monastère qui comptait plus de cinq cents moines. Cependant, pour tous, ce devait être Jinshu le successeur. Jinshu était le chef des disciples, le plus ancien et le plus compétent des moines de tout le monastère, que ce soit pour la compréhension des sutras, la pratique de zazen ou la moralité. Tout le monde attendait son poème. Après mûre réflexion celui-ci composa le poème suivant qu'il accrocha dans le dojo :

Le corps est l'arbre de la Bodhi (l'Eveil)
L'esprit est comme un miroir brillant sur son support
Aussi devons-nous toujours le nettoyer
Afin que la poussière ne s'y dépose pas.

Lorsqu'il lut le poème, Konin conseilla aux moines de le réciter et de continuer la pratique, car ainsi ils ne commettraient pas d'erreurs. Eno entendit donc les moines réciter le poème et reconnut qu'il n'exprimait pas là l'essence du zen. Il demanda à un moine d'écrire un autre poème :

Bodhai (l'Eveil) n'est pas un arbre
Le miroir n'a pas de support
Originellement, il n'y a rien
Où la poussière pourrait-elle se déposer ?

A partir de ces deux poèmes, le zen se sépara entre deux grandes tendances. L'une, avec Jinshu, se développa dans le nord de la Chine et eut une certaine influence, notamment auprès des centres dirigeants et de la cour impériale, puis disparut au bout de quelques générations. L'autre, avec Eno, se développa d'abord dans le sud de la Chine puis se répandit dans le pays entier et donna naissance à toute la tradition zen ultérieure.

A la simple lecture des deux poèmes on peut comprendre la différence de dimension entre leurs deux auteurs. Le premier traduit une vision limitée de la Voie, le second exprime la liberté de la totalité, l'esprit ouvert à la vie illimitée.

C'est également cet épisode qui donna naissance aux appellations de « zen graduel », pour définir le zen de Jinshu, et de « zen soudain », pour celui d'Eno. Cette séparation, d'importance historique, a suscité beaucoup de commentaires de la part de religieux et d'historiens qui se sont en général mépris sur le sens du « zen soudain » d'Eno, en profitant pour en dénigrer la pratique. L'éveil soudain signifie qu'il est sans entrave et que la pratique en est la réalisation, ici et maintenant. Dans le zazen, il n'y a pas d'étape, il n'y a pas de nécessité de nettoyer quoi que ce soit. Dès le début, zazen est le miroir parfait, la « manifestation de l'ultime réalité », dit Dogen. Cet éveil « soudain » n'a ni commencement ni fin; il s'actualise par la pratique. Aussi, il faut comprendre que le zen d'Eno ne s'oppose pas à celui de Jinshu mais qu'il l'englobe.

Le sixième patriarche

Ayant pris connaissance du poème d'Eno, Konin fit venir celui-ci la nuit dans sa chambre. Il lui donna le bol et le kesa de la transmission, faisant ainsi de lui son successeur, le sixième patriarche. Il lui conseilla aussi de s'enfuir car cette transmission susciterait inévitablement incompréhension et jalousie de la part des autres moines. Eno partit donc dans la nuit alors que Konin disparaissait également.

Pendant une quinzaine d'années, il vécut dans les montagnes, vivant de chasse et de pêche. Puis, alors qu'il approchait de la quarantaine, il réapparut à Canton. Un jour qu'il visitait un temple, il entendit un groupe de moines discuter à propos d'un drapeau qui flottait au vent. L'un des moines disait : « Le drapeau bouge. » Un autre répondait : « Non, c'est le vent qui bouge. » Eno, qui n'était que simple laïc, s'approcha et dit : « Ce n'est ni l'un ni l'autre, c'est votre esprit qui bouge. »

Ayant été mis au courant de l'entretien, l'abbé du monastère vint voir Eno et lui demanda s'il n'était pas le fameux patriarche à qui Konin avait remis le kesa des années auparavant. Eno fut ainsi reconnu comme le sixième patriarche et demanda qu'on lui rase le crâne pour recevoir l'ordination de moine (car il avait reçu la transmission du patriarcat avant d'être moine). Il s'installa ensuite sur le mont Sokei où il enseigna pendant quarante ans à de très nombreux disciples parmi lesquels plusieurs reçurent la transmission, notamment Seigen, à l'origine de la lignée Soto, Nangaku, à l'origine de la lignée Rinzai, et Yoka Daichi, l'auteur du *Shodoka*.

Eno fut reconnu de son vivant par le pouvoir impérial et il est l'une des grandes figures du bouddhisme chinois. On lui attribue un texte qui a été élevé au rang de sutra — cas unique dans la littérature chinoise —, « Le sutra de l'estrade ». Il s'agit d'un texte sans doute apocryphe, dont une partie se présente comme une autobiographie, et qui n'est pas considéré comme un texte essentiel dans la tradition zen Soto. Le récit de la vie d'Eno suscite par ailleurs des interrogations ; il n'en demeure pas moins l'illustre sixième patriarche et l'auteur du poème le plus fameux du zen.

YOKA DAICHI

Yoka Daichi, ou Yoka Genkaku (665-713), fut l'un des successeurs du sixième patriarche Eno et, bien que sa lignée se soit éteinte, il est passé à la postérité par son poème, le *Shodoka*, l'un des textes essentiels du zen.

Jeune, il avait quitté sa famille pour devenir moine. Il avait étudié l'ensemble des sutras, des commentaires et des règles, et il maîtrisait l'art de la méditation enseigné dans l'école Tendai. On dit de lui qu'il était en contemplation qu'il soit étendu, assis, debout ou en train de marcher. Ayant entendu parler du sixième patriarche, il se mit en route pour lui rendre visite au mont Sokei.

« Je n'ai pas de temps à perdre »

Il arriva au temple alors que Eno tenait audience. Yoka tenait son bâton de pèlerin et il avait une gourde à la main, c'est-à-dire qu'il était en tenue de voyage. Il fit trois fois le tour du patriarche et se tint devant lui. Cela n'était pas une manière très traditionnelle de faire.

Eno lui dit : « Un moine bouddhiste est celui qui suit les trois mille règles et qui accomplit les quatre-vingt mille devoirs. D'où venez-vous, monsieur ? Pourquoi avez-vous tant de fierté ? »

Yoka répondit : « Je n'ai pas de temps à perdre. Le problème de la vie et de la mort est important. La mort succède à la vie à une terrible vitesse, notre vie est éphémère, impermanente et sans cesse changeante. »

Eno : « Pourquoi ne réalisez-vous pas le principe de la non-naissance pour résoudre le problème de l'impermanence de la vie ? »

Yoka : « Lorsqu'on a réalisé la non-naissance, ici et maintenant, abruptement, il n'y a plus de mouvement. »

Eno s'exclama : « C'est cela, c'est cela. »

Toutes les personnes présentes furent vivement impressionnées et Yoka, conformément à la règle, se prosterna devant le patriarche. Puis il se releva et lui fit les salutations de départ. Eno lui dit : « Vous partez bien rapidement. »

Yoka rétorqua : « Comment peut-il y avoir rapidité alors que fondamentalement le mouvement ne bouge pas ? »

Eno : « Que tout soit mouvement ou non-mouvement, cela est un problème de conscience. »

Yoka : « Merci, j'ai compris ce que signifie la non-naissance. »

Eno : « Il n'y a pas de signification, même dans la non-naissance. »

Yoka : « S'il n'y a pas de signification, il n'y a personne pour comprendre. »

Eno : « Comprendre n'a pas non plus de signification. »

Les deux hommes étaient parfaitement en accord. Eno convia Yoka à rester une nuit au temple et il lui donna la certification. Le lendemain Yoka partit et on l'appela « l'homme du satori en une seule nuit ».

Le chant de l'immédiat satori

Son poème, le *Shodoka*, bien que composé il y a 1 200 ans, a conservé toute sa fraîcheur et il s'adresse à nous directement. Il était particulièrement apprécié par Taisen Deshimaru et son maître Kodo Sawaki. Il commence par ces phrases :

Cher ami, ne voyez-vous pas,
cet homme de la Voie qui a cessé d'étudier et vit sans [effort,
ne cherchant ni à écarter l'illusion, ni à trouver la [vérité.
La vraie nature de notre ignorance est la nature de [Bouddha,
notre corps vide et illusoire est le corps du Dharma.
Lorsqu'on s'éveille au corps du Dharma, il n'y a plus [rien,
Source originelle, notre nature propre est le pur [Bouddha.

Verset du Shodoka

« Saisir la racine sans se soucier des branches »

Commentaire de maître Kodo Sawaki

« Ce verset est le plus important du Shodoka. Un vieil adage dit : “ Quand vient ta dernière heure, ne recherche pas la vérité, recherche Dieu. ” Pourtant la vérité est la base, le corps, la source originelle de toutes choses et l'aide divine seulement le mérite. On aime le mérite, on n'aime pas le corps ; on aime toucher la paie, on n'aime pas le travail ; on aime toucher la récompense, on n'aime pas l'effort. Cependant, l'essentiel est la Vraie réalité, l'aide de Dieu n'est qu'un appendice.

« “Saisir la racine sans se soucier des branches.” Il faut rechercher la vérité sans se soucier de Dieu. Saisissons l'essence des choses, le reste est secondaire et sans importance. Quand on a une vue panoramique et juste de sa véritable nature, qu'importe que les autres vous critiquent ou vous admirent. Pourtant la plupart des gens ne recherchent que les louanges.

« Seul l'esprit de la Voie est important. Que la doctrine théorique soit d'une grande profondeur n'entre pas en considération. “Saisir la racine sans se soucier des branches.” Va directement à l'esprit de la Voie, le reste est secondaire. Sans demeurer sur l'aspect des choses ni rechercher un profit, interroge-toi sur la justesse de ta propre pratique et, si celle-ci est parfaitement exacte, que les autres te critiquent ou te fassent des éloges est sans aucune importance.

« Ce verset contient l'essence du Shodoka. »

SEKITO KISEN

Sekito Kisen est né en 700 et mort en 790. Il fut le disciple de Seigen, lui-même successeur du sixième patriarche Eno. Avec Sekito et son contemporain Baso, commence la grande éclosion du zen chinois dont on peut suivre le déroulement historique.

Sekito Kisen est l'un des maîtres les plus éminents du zen et l'ancêtre de trois des écoles du zen qui se distinguèrent plus tardivement. Par la lignée de son disciple Ryutan, se forma l'école Hogen, et par celle d'Unmon, l'école Unmon. Par la lignée Yakusan, puis Tosan Ryokai, se forma l'école Soto qui fut transmise au Japon par Dogen et en Europe par Deshimaru. Sekito est donc le vénérable grand-père de la plupart des pratiquants du zen de nos contrées.

Les annales chinoises attestent la réputation de Sekito et de Baso (successeur de Nangaku, lui-même codisciple de Seigen auprès de Eno) à leur époque. Tous deux dirigeaient de grands monastères et laissaient volontiers leurs disciples aller et venir de l'un à l'autre pour approfondir leurs expériences. Une chronique de l'époque Tang relate : « A l'ouest du fleuve vivait Baso, au sud du lac, Sekito. Les hommes allaient de l'un à l'autre ; qui ne les avait rencontrés demeurait dans l'ignorance. »

« Je viens de Sokei »

Sekito, alors qu'il était adolescent, avait été disciple d'Eno. Après la mort de ce dernier, il restait toujours en zazen près de la tombe de son maître. Un autre disciple lui indiqua qu'il devait suivre l'enseignement de Seigen. Sekito partit donc au temple de Seigen qui lui demanda, lors de leur première rencontre : « D'où viens-tu ? »

Cette question aurait pu susciter une réponse compliquée de la part de Sekito comme on en trouve dans certaines histoires zen. Par exemple : « Je viens de nulle part. » Mais Sekito répondit simplement : « Je viens de Sokei. » Sokei était le nom de la montagne où se trouvait le dojo d'Eno.

Seigen demanda alors : « Qu'as-tu apporté de Sokei ? »

Sekito : « J'ai apporté quelque chose qui continuait avant maître Eno. »

Ce quelque chose qui continue est ce qui n'est pas tributaire de la naissance et de la mort, ni d'un lieu ou d'un autre. Par cette phrase, Sekito exprimait que, dans le dojo de maître Eno, au mont Sokei, il avait réalisé par la pratique ce quelque chose, la nature de Bouddha, qui transcende le temps et l'espace.

L'interpénétration de l'essence et des phénomènes

Plus tard, Sekito composa le *San Do Kai*, l'un des textes fondamentaux du zen qui est récité tous les matins après le zazen dans les temples Soto au Japon. *San* signifie ce qui est multiple, les phénomènes ; *Do*, ce qui est un, l'essence ; *Kai*, la fusion, l'interpénétration. *San Do Kai*, c'est la fusion, l'interpénétration de l'essence et des phénomènes. Ce texte exprime l'essentiel du zen, du bouddhisme transmis. Maître Deshimaru disait qu'il était la loi du zen Soto. Sekito le composa à partir d'une phrase qu'il avait entendue dans un sutra : « Le véritable sage réunit et mélange toutes les existences. Avec chacune d'entre elles il crée le soi selon son propre esprit. »

Sekito pratiquait zazen avec assiduité. Il est mort à l'âge de quatre-vingt-dix ans en posture de zazen. Son corps s'est momifié naturellement et sa momie s'est conservée jusqu'à nos jours. Elle est actuellement au temple de Soji-ji, au Japon. Depuis 1 200 ans, le vénérable grand-père continue donc zazen, sans bouger.

Poème du San Do Kai

« La source spirituelle brille, pure, sans tache ;
Les rivières coulent dans l'obscurité. »

Commentaire

Le *San Do Kai* est composé de phrases dans lesquelles deux versets se répondent l'un à l'autre.

« La source spirituelle » traduit ici les idéogrammes *Rei Gen ; Gen* étant la source, *Rei* exprimant l'esprit originel, ce qui est merveilleux, ce qui est au-delà des mots.

Cette source spirituelle ne peut être conçue, elle est avant les différenciations. Elle brille comme une étoile, pure, sans tache, sans rien qui puisse y adhérer.

Dans « les rivières coulent dans l'obscurité », le mot obscurité n'a pas un sens négatif; l'obscurité, c'est quand il y a de l'ombre, c'est ce qui est plus dense, plus lourd. Les rivières, qui représentent les phénomènes, coulent dans cette matière dense, obscure.

Il y a la source spirituelle, lumineuse, c'est *Do*, l'essence. Il y a les rivières dans l'obscurité, c'est *San*, les phénomènes. Mais Sekito a choisi deux mots, source et rivières, qui tous deux contiennent l'eau, la même eau. La source et les rivières ne sont pas séparées, l'eau est partout, c'est *Kai*, la fusion, l'interpénétration.

Il n'y a pas à vouloir saisir l'un et échapper à l'autre. Comme dans un arbre, il y a les racines, le tronc, les branches, les feuilles : l'ensemble est nécessaire. Pendant zazen, on s'ouvre à la source spirituelle sans s'échapper des phénomènes. Sekito n'exclut ni un côté ni l'autre, il n'introduit pas de notion de bien et de mal, il exprime la réalisation de la pratique de zazen :

> « La source spirituelle brille, pure, sans tache;
> Les rivières coulent dans l'obscurité. »

BASO DOITSU

Baso Doitsu (709-788) fut le disciple de Nangaku, lui-même disciple du sixième patriarche Eno. Contemporain de Sekito, il est l'ancêtre de lignée Rinzai du zen, bien qu'à son époque il n'y ait pas eu de telle distinction. Il eut plus de cent trente successeurs dont les plus éminents furent Hyakujo, Nansen (voir le chapitre consacré à son disciple Joshu) et Daibai Hojo, qui tous contribuèrent à sa renommée ultérieure.

Baso était un personnage hors du commun dont l'aspect et le comportement étaient saisissants. De haute stature, il avait la démarche puissante d'un buffle et le regard perçant d'un tigre. On lui attribuait les marques de la bouddhéité telles que de pouvoir toucher son nez avec sa langue ou de porter des marques en forme de roue sous les pieds. . Il devait être réellement impressionnant.

Baso est à l'origine d'une certaine tradition du

zen qui s'est surtout perpétuée dans le zen Rinzai. Tout les moyens étaient bons pour éveiller ses disciples, les cris, les reparties cinglantes, les coups de bâton, les menaces. Il leur tordait le nez, les précipitait à terre, leur donnait des coups de pied et leur posait des questions incongrues. De telles méthodes, lorsqu'elles furent plus tard imitées et systématisées, furent d'ailleurs critiquées par les maîtres de la lignée Soto. Mais à l'époque de Baso, elles jaillissaient spontanément de la vigueur de sa pratique et de son éveil. Ses disciples n'étaient pas en reste comme le témoigne l'histoire suivante qui donne une idée de l'atmosphère qui devait régner dans le temple de Baso.

Un jour, un disciple arrive en poussant une charrette alors que Baso est assis sur la route, les jambes étendues. Le disciple lui demande de plier les jambes et Baso répond : « Ce qui est étendu n'a pas à être plié. » Le disciple rétorque : « Quand on a avancé, on n'a pas à reculer. » Et il continue à pousser sa charrette et écrasant les pieds de Baso.

Le soir, Baso arrive dans la grande salle du temple une hache à la main et dit : « Que celui qui m'a blessé s'avance. » Le disciple, nullement intimidé, avance et tend son cou. Baso repose la hache.

Polir la tuile

De telles histoires sont nombreuses et avec l'affirmation que répétait sans cesse Baso : *Sokushin ze butsu*, « cet esprit est Bouddha », elles ont conduit beaucoup d'érudits à se méprendre sur le sens réel du zen et de l'enseignement de Baso, en oubliant la pratique et ne considérant l'éveil que comme une manifestation spontanée de la vie. C'est cette méprise qui a fait interpréter le zen comme une fusion entre le bouddhisme et le taoïsme alors qu'il n'est que la transmission authentique de l'éveil du Bouddha, même si en Chine il s'est exprimé avec les termes d'une culture taoïste.

Un mondo (dialogue) célèbre entre Baso et son maître Nangaku illustre cette erreur d'interprétation. Baso fait zazen, son maître approche et demande :

« — Que faites-vous ?

— Je fais zazen.

— Pourquoi faites-vous zazen ?

— Pour devenir Bouddha. »

A ce moment, Nangaku se baisse, prend une tuile et se met à la polir contre une pierre. Baso demande :

« — Pourquoi polissez-vous cette tuile ?

— Pour en faire un miroir.

— Comment est-il possible de faire un miroir en polissant une tuile ?

— Comment est-il possible de devenir Bouddha en faisant zazen ? »

Certains maîtres, et à leur suite de nombreux érudits jusqu'à maintenant, en ont conclu à l'inutilité de faire zazen, à l'inutilité de la pratique : une tuile ne peut devenir un miroir. Mais zazen lui-même est Bouddha, l'acte de polir en soi est Bouddha. La signification de ce mondo est qu'il n'est pas nécessaire de vouloir devenir Bouddha en faisant zazen, ce serait comme polir une tuile pour vouloir en faire un miroir ; zazen se pratique sans but et Bouddha se manifeste spontanément. Dogen dit : « Polir le miroir est la pratique qui devient complètement le miroir. »

C'est pourquoi Baso continua toute sa vie la pratique de zazen et qu'il pouvait affirmer : « Cet esprit est Bouddha. »

Le fruit de la prune est mûr

Il est un des disciples de Baso à qui il avait justement répondu : « Cet esprit est Bouddha » lorsqu'il lui avait demandé « Qu'est-ce que Bouddha ? » Ce disciple se nommait Hojo et il réalisa le satori en entendant cette phrase de Baso. Hojo partit alors du temple et s'installa dans un ermitage sur le mont Daibai, d'où son nom complet de Daibai Hojo. Il vivait là, seul dans un ermitage en herbe, se nourrissant de pommes de pin, vêtu de feuilles de lotus. Pour ne pas bouger lorsqu'il pratiquait zazen, il mettait un lourde pagode de métal sur le sommet de son crâne.

Pendant ce temps, Baso avait changé de formule et il enseignait dorénavant *Hi shin hi butsu,* c'est-à-dire « pas d'esprit, pas de Bouddha », ou encore « au-delà de l'esprit, au delà de Bouddha ». Un jour il envoya un disciple prendre des nouvelles de Daibai Hojo. Le disciple demanda à Hojo : « Pourquoi vous êtes-vous retiré dans cette montagne ? »

Hojo répondit : « Mon maître Baso m'a enseigné autrefois *soku shin ze butsu*, cet esprit est Bouddha. Aussi, ai-je vécu ici.

— L'enseignement du maître a changé, rétorqua le disciple. Maintenant il dit *hi shin hi butsu*, pas d'esprit, pas de Bouddha. »

Hojo dit : « Que mon vieux maître ne complique pas mon esprit. Si d'autres suivent cette nouvelle formule, moi je continue à suivre *soku shin ze butsu.* »

Lorsque le disciple revint au temple de Baso et

qu'il lui rapporta ces paroles, Baso dit : « Le fruit de la prune est mûr. »

Cette histoire et cette formule sont également célèbres. Daibai Hojo était arrivé à maturité. Par la suite, par l'intermédiaire de Tenryu et de Gutei, la lignée de Daibai Hojo fut transmise en Corée et donna naissance au zen coréen.

Enseignement de Baso

« Toutes les formes que l'on perçoit ne sont que le reflet de l'esprit. Mais l'esprit lui-même n'existe pas en soi, il n'existe qu'à travers les formes. Aussi, à chaque fois que vous parlez de l'esprit comprenez que les phénomènes et l'absolu sont sans obstruction, sans opposition. Cela est le fruit de l'éveil. »

Commentaire

L'esprit et la forme, l'esprit et le corps, l'absolu et les phénomènes ne s'opposent pas. Cela est la base du bouddhisme Mahayana.

Par exemple dans le sutra *Hannya Shingyo*, il y a cette phrase que l'on cite toujours : *ku soku ze shiki, shiki soku ze ku. Ku*, c'est l'existence sans noumène, la vacuité, l'absolu. *Shiki*, ce sont les phénomènes, le monde de la forme. Les deux, l'absolu et les phénomènes, sont unité, comme les deux faces d'une même feuille. Si vous voulez courir après les phénomènes en repoussant l'absolu, si vous voulez courir après l'absolu en repoussant les phénomènes, vous ne pouvez qu'errer sans fin. L'absolu n'existe qu'à travers les phénomènes, les phénomènes sont le reflet de l'absolu. L'adéquation est parfaite.

Un maître de l'ancien temps donnait l'exemple du lion qui était tout en or. Pas seulement revêtu d'or mais entièrement en or. La forme du lion exprime le monde des phénomènes ; l'or représente l'absolu qui n'a pas de forme propre mais qui adopte toutes les formes que prend le lion. Vivre totalement, cela signifie le lion en or. Il ne peut y avoir de lion sans or, ni d'or sans lion. Pourtant, en général, nous sommes toujours à côté. Seulement en étant totalement ici et maintenant, nous pouvons réaliser le lion en or : le lion en or qui pratique zazen, le lion en or qui se lève, marche, mange, se déplace sans hésitation, sans complication.

C'est pourquoi Baso dit : « Comprenez que les phénomènes et l'absolu sont sans obstruction. Cela est le fruit de l'éveil. »

Un jour, un érudit rend visite à Baso et lui dit : « J'ai étudié tous les sutras et j'ai entendu dire que vous enseignez "cet esprit même est Bouddha", cela dépasse ma compréhension. »

Baso lui répond : « Cet esprit qui ne comprend pas est précisément l'esprit de Bouddha, il n'y a rien d'autre. »

Aussi, ce n'est pas la peine de vouloir échapper aux phénomènes, nı de courir après l'absolu, ni de rejeter l'absolu. Ici et maintenant, l'enseignement du zen signifie : réaliser toutes les dimensions de l'être humain.

HYAKUJO EKAI

Hyakujo Ekai (720-814) fut le disciple de Baso et le maître de Isan Reiyu et Obaku Kiun. Son importance dans l'histoire du zen est fondamentale car c'est lui qui rédigea les premières règles monastiques, parachevant l'œuvre qu'avait commencée le quatrième patriarche, Doshin. Il est aussi l'auteur d'un traité sur l'« éveil immédiat », un des plus anciens textes de ce type : si les poèmes, comme le *Shodoka*, ont été rédigés par leurs auteurs, les sermons et enseignements des maîtres étaient souvent rédigés par leurs disciples.

Hyakujo avait d'abord été le disciple d'un maître du nom de Doshi qui lui donna le nom de Ekai (« Océan de sagesse ») et ce n'est qu'à la maturité qu'il se rendit auprès de Baso. Plusieurs anecdotes ont été conservées du séjour de Hyakujo chez Baso.

Un jour, tous deux se promènent dans la campagne quand des oies sauvages s'envolent d'un marais en caquetant. Baso demande : « Quel est ce bruit ? » Hyakujo répond : « C'était le cri des oies sauvages. »

Baso : « Où sont-elles maintenant ? »

Hyakujo : « Elles ont disparu. »

Baso saisit alors brutalement le nez de son disciple et le tord avec vigueur. « Disparu, dis-tu ! »

Un jour sans travail, un jour sans manger

Il semble que, pour sa part, Hyakujo ait eu une personnalité moins excentrique que Baso ou que l'un de ses codisciples, Nansen (voir chapitre Joshu). Il était chaleureux et bienveillant et les règles qu'il établit furent acceptées et vénérées par tous les maîtres des générations suivantes et conservées jusqu'à nos jours (le texte de Hyakujo a été perdu mais les règles et leur esprit ont continué). Celles-ci étaient très précises, définissant par exemple les fonctions des différents responsables du temple. Mais le point essentiel fut l'importance qu'il accorda au travail (samu) et à l'autosubsistance de la communauté. La tradition indienne de la mendicité fut conservée comme méthode de formation, mais les biens de la communauté étaient produits par les moines.

« Un jour sans travail, un jour sans manger » était la maxime de Hyakujo que l'on retrouve aujourd'hui encore inscrite dans les temples chinois. Il l'appliquait à lui-même avec rigueur et lorsqu'un jour, alors qu'il était vieux, ses disciples avaient caché ses outils afin qu'il se repose, il refusa de manger. Cette parole exerça une grande influence dans l'histoire du zen car elle exprime toute la dimension de l'enseignement transmis. La pratique et l'éveil sont une seule chose et cela ne dépend ni de l'obéissance à des règles ou à autrui, ni d'un combat contre soi-même. Comprendre la signification des règles de Hyakujo, c'est suivre le mouvement naturel des choses. « Un jour sans travail, un jour sans manger. »

Enseignement de Hyakujo

« Aucun phénomène ne s'est proclamé " vide ", aucun n'a jamais parlé de " forme ", aucun n'a jamais discuté du juste ou du faux, de l'illusion ou de la pureté.

« De même, aucun esprit n'a jamais enchaîné l'homme. C'est lui, tout simplement, qui crée arbitrairement ses entraves, qui énonce des milliers de compréhensions et d'opinions, et qui se soumet aux innombrables peurs et attirances. Comprenez bien que l'infinité des choses ne se génère pas d'elle-même. Elle ne voit le jour que par votre attachement aux apparences. Si vous réalisez que l'esprit et l'objet n'ont fondamentalement aucun contact, vous serez libre en ce monde. Chacun des innombrables phénomènes est parfait là où il est, et ce lieu est celui de l'éveil.

« La nature propre ne peut être nommée. Originellement elle n'est ni mondaine, ni sainte, ni pure, ni souillée, ni absente, ni existante, ni bonne, ni mauvaise. Lorsqu'elle se mélange avec l'impureté, on l'appelle soit divinité, soit humanité.

« Lorsqu'un pratiquant de la Voie rencontre la douleur ou le plaisir, l'agréable ou le désagréable, son esprit n'est pas détérioré par le profit ou la renommée. Il n'attend aucun mérite ni aucune vertu, et rien en ce monde ne peut l'obstruer. Rien ne lui est cher, rien ne lui est essentiel. Il est tel qu'il est dans la douleur ou le plaisir.

« Des habits rustiques pour se préserver du froid, une nourriture simple pour soutenir sa vie. Sans se plier et sans intention, comme un idiot et un sourd-muet, vous posséderez alors quelque accomplissement.

« Si votre esprit emmagasine connaissances et théories, s'il cherche mérite et savoir, il ne trouvera que naissance et mort. Au regard de la nature propre, le bénéfice n'existe pas. Si à l'opposé, vous rejetez toute compréhension, vous vous trouverez également dans l'océan de la vie et de la mort.

« Bouddha est celui qui ne cherche pas. Cherchez et vous vous égarez. Ne cherchez pas et vous vous perdez. S'attacher au non-agir est identique à l'attachement à l'agir.

« C'est pourquoi un sutra dit : “ Ne courez pas après la vérité, ne courez pas après l'illusion. La vérité réalisée par ceux qui sont tels qu'ils sont n'est ni réelle, ni irréelle. ”

« Si vous pouvez vivre votre vie l'esprit pareil au bois ou à la pierre, vous ne serez jamais submergé ni par les agrégats mortels, ni par les circonstances de l'existence consciente, ni par les objets des sens.

« Naissance et mort disparaîtront, et vous serez libre d'aller ou de rester, émancipé des causes et des effets de vos actions sans être l'esclave de vos faiblesses.

« L'être d'un tel homme est trop vaste pour pouvoir être contenu dans l'enfer ou le paradis. »

JOSHU JUSHIN

Joshu Jushin (778-897) fut disciple de Nansen, lui-même disciple de Baso. Cependant sa notoriété dépasse largement le cadre d'une lignée particulière : ses enseignements ont donné naissance à de nombreux koans utilisés dans l'école Rinzaï alors que Dogen, le fondateur de l'école Soto au Japon, l'appelait respectueusement « le vieux Bouddha ».

Il est dit que Joshu eut son premier satori à l'âge de dix-huit ans mais il n'en continua pas moins à pratiquer auprès de son maître, Nansen, pendant quarante ans. Cela montre que le satori, l'éveil, n'est pas le but ou le stade final mais le début de la progression sur la voie du zen. La pratique signifie aller de satori en satori.

Après la mort de son maître, Joshu continua pendant vingt ans d'approfondir sa compréhension auprès d'autres maîtres et ce n'est qu'à l'âge de quatre-vingts ans qu'il s'installa dans un monastère près du village de Joshu (d'où son nom). Il y enseigna dans un dojo très simple — il ne voulait pas avoir recours aux dons — jusqu'à cent vingt ans. Pour Joshu, ni l'âge ni la position sociale n'avaient d'importance. Il disait : « Si je rencontre un enfant de sept ans qui me soit supérieur, je l'interrogerai ; si je rencontre un homme de cent ans qui me soit inférieur, je l'éduquerai. »

Le chat de Nansen

De son passage au monastère de Nansen datent de nombreuses histoires très célèbres. Ainsi, un jour des moines se disputaient la possession d'un chat. Nansen, tenant un couteau, prend le chat et dit : « Si l'un d'entre vous est capable de dire la chose juste, le chat sera sauvé ; sinon, je couperai ce chat en deux. » Personne ne put répondre et Nansen coupa le chat en deux. Plus tard, arrive Joshu à qui Nansen relate l'histoire. Celui-ci retire ses sandales, les met sur la tête et part. Et Nansen de dire : « Si seulement tu avais été là, le chat aurait été sauvé. »

L'esprit ordinaire est la Voie

Un autre dialogue est resté particulièrement célèbre et éclaire l'enseignement ultérieur de Joshu. Celui-ci demande à Nansen : « Qu'est-ce que la Voie ? »

Nansen répond : « *Heijo shin kore do* » (la formule est passée à la postérité : « l'esprit ordinaire est la Voie »).

Joshu : « Comment l'approcher ? »

Nansen : « Si tu cherches à l'approcher, tu en restes séparé. »

Joshu : « Mais si j'arrête toute recherche, comment la réaliser ? »

Nansen : « La Voie n'appartient ni à la connaissance, ni à la non-connaissance. La connaissance n'est qu'illusion, la non-connaissance est simple confusion. Quand tu atteins réellement la Voie, au-delà de tout doute, ta vision sera vaste et sans limite, semblable à l'espace infini. Le vrai et le faux ne peuvent en être des preuves extérieures. »

A ces mots, Joshu réalisa intimement la Voie.

Le zen de la bouche et des lèvres de Joshu

Joshu, qui était âgé à cette époque, enseignait ses disciples de manière généreuse et délicate, avec intelligence et ironie. Il parlait d'une voix basse, proche du murmure, mais ses réponses courtes étaient capables, disait-on, de trancher les pensées et les illusions comme une épée aiguisée. On appelait cela « le zen de la bouche et des lèvres de Joshu ». De nombreux dialogues entre Joshu et ses disciples ont été consignés dans des recueils. Ils ont plus tard donné matière à des koans développés dans le zen Rinzai et ils sont une merveilleuse source d'approfondissement.

Un moine demande à Joshu : « Qu'est-ce que la Voie ? »

Joshu : « As-tu fini ta guen maï (soupe de riz) ? Alors, va laver ton bol. »

Un moine demande à Joshu : « Pourquoi Bodhidharma est-il venu de l'ouest ? »

Joshu : « Le cyprès dans le jardin. »

Dans le jardin du temple, il y avait un cyprès. Il était complètement à sa place.

Un moine demande à Joshu : « Le chien a-t-il la nature de Bouddha ? »

Joshu : « Mu. »

Mu signifie « rien », « non ». Cette réponse de Joshu est devenue un classique du zen, abondamment utilisée comme koan dans le zen Rinzai. Voici les commentaires du maître du zen Soto japonais Menzan à propos de ce dialogue.

(Après avoir relaté le premier échange, Menzan continue ainsi :)

« Le moine demande à nouveau : “Il est dit que tous les êtres sensibles ont la nature de Bouddha, pourquoi un chien ne l'aurait-il pas ? ” Joshu répond : “ Parce que le chien a une nature karmique. ”

« Dans le cas du chien, le corps, l'esprit et le monde entier sont le royaume de la nature karmique du chien. Aussi, il n'y a rien d'autre que la nature karmique du chien. Dans le cas du Tathagata, la nature karmique se rapporte à la nature de Bouddha. C'est pourquoi lorsque nous regardons du point de vue de notre esprit limité, même la vie du Tathagata, avec ses parfaites vertus, semble n'être qu'un aspect du cycle de la vie et de la mort. D'un autre côté lorsque nous nous éveillons grâce à la sagesse de Bouddha, tous les êtres sensibles deviennent le corps éternel du Tathagata. Ainsi, les illusions et l'éveil sont unité : le samsara et le nirvana ne sont pas séparés. »

Une autre fois, un moine le supplie de lui enseigner le principe vital du zen. Joshu se lève et dit : « Je dois aller pisser. Même une chose aussi futile, je dois la faire moi-même. »

TOZAN RYOKAI

Successeur à la onzième génération de Bodhidharma, Tosan Ryokai (807-869) fut le disciple de Ungan Donjo, lui-même disciple à la deuxième génération de Sekito Kisen. La filiation est la suivante : Sekito — Yakusan — Ungan Donjo — Tosan. La constitution de la lignée Soto en tant que telle remonte à Tosan qui en est considéré comme le fondateur. Le *to* du mot *soto* est emprunté à Tozan ; le *so* fait référence, selon les interprétations, à Sosan, le disciple de Tozan, ou au mont Sokei où vécut le sixième patriarche Eno.

Tozan est célèbre notamment pour avoir écrit l'*Hokyo zan mai*, un des textes majeurs du zen qui, aujourd'hui encore, est récité dans les monastères zen au Japon. Il est aussi l'initiateur de la philosophie des « Cinq principes » ou « *Go I* » (*Go* : cinq, *I* : principe) que développera son disciple Sosan et qui est une des expressions de la philosophie du zen.

Dès son enfance, Tozan étudia le bouddhisme en faisant preuve d'un esprit incisif. Alors qu'il était encore jeune novice dans un monastère de l'école Vinaya (qui insiste particulièrement sur l'observance des règles), il questionna son maître à propos du passage du sutra de l'*Hannya Shingyo* (celui que l'on récite le matin après le zazen) *mu gen ni bi ze shin i*, qui signifie « il n'y a ni œil, ni oreille, ni nez, ni bouche, ni corps, ni conscience » (les organes des sens, la conscience étant considérée comme telle). Le jeune Tozan porta la main à son visage, ses yeux, ses oreilles, et dit : « J'ai des yeux, des oreilles, un nez, une bouche, un corps, une conscience. Comment le sutra peut-il prétendre que cela n'existe pas ? » Le maître, étonné, ne put répondre à cette question.

Tozan entreprit alors une série de voyages qui le conduisit auprès de plusieurs maîtres zen, notamment Nansen (disciple de Baso) et Isan Reiyu. Finalement, il devint le disciple de Ungan Donjo dont il reçut la transmission.

Le samadhi du miroir

Après plusieurs années passées avec son maître, le jour où il lui faisait ses adieux, Tozan demanda à Ungan : « Que devrai-je répondre si, après votre mort, on me demande quel était votre Dharma (votre enseignement) ? » Ungan lui dit : « Réponds : c'est juste ainsi. Ainsi. »

Tozan quitta le temple de son maître mais il pensait toujours à ses dernières paroles. Un jour, alors qu'il traversait un pont, il vit son image reflétée dans l'eau et réalisa brusquement la signification du dernier enseignement d'Ungan. Il exprima ce satori par le poème suivant :

Ne le cherchez nulle part
Ou il vous fuira
Maintenant je suis seul
Et je le rencontre partout.
Ici et maintenant il est moi
Et je ne suis pas lui.
Ce n'est qu'ainsi
Que peut être réalisé le Bouddha éternel.

C'est à partir de cette expérience, et de ce poème, qu'il composera plus tard l'*Hokyo zan mai*, le « Samadhi du Miroir-Trésor » dont le quatrain central est :

Comme en vous contemplant dans le miroir
La forme et le reflet se regardent
Vous n'êtes pas le reflet
Mais le reflet est vous.

Avec Tozan, *Hokyo zan mai* devint l'une des formulations majeures pour exprimer l'éveil de zazen et l'analogie du miroir une des bases de l'enseignement.

Vers cinquante ans, Tozan devint supérieur d'un temple (sur le mont Tozan dont il prit le nom) et enseigna à de nombreux disciples, parmi lesquels Sosan Honjaku, célèbre pour ses développements sur la philosophie des « Cinq principes » et Ungo Doyo dont la lignée continua jusqu'à Dogen et jusqu'à nous.

Tozan mourut à l'âge de soixante-trois ans. Avant sa mort, il s'est rasé le crâne, a revêtu son kesa, s'est assis en zazen et a demandé à ses disciples de sonner la grosse cloche extérieure. Il est mort en écoutant les sons de la cloche résonner à l'infini.

On raconte que ses disciples se mirent alors à pleurer et que Tozan se releva pour les consoler et leur donner un dernier enseignement. Après être demeuré une semaine avec eux, il est mort à nouveau en posture de zazen.

Poème de l'Hokyo zan mai

La neige s'amoncelle sur le plateau d'argent,
La lumière de la lune enveloppe le héron blanc.
Ils sont proches mais non identiques
Ils sont intimement mêlés
Mais chacun comprend son état.

Commentaire

Il s'agit du deuxième poème de l'*Hokyo zan mai* après celui, introductif, qui commence par ces mots : « Ainsi est le Dharma, vous pouvez le réaliser. » De nombreux poèmes décrivent des paysages comme celui-ci mais dans le zen ils possèdent toujours une signification plus profonde que la simple évocation d'un paysage. Ils explicitent le Dharma, l'état de conscience pendant zazen. Par exemple, il y a un poème similaire de Dogen dans le *San sho do ei* :

Comme l'herbe en hiver
Invisible dans nos champs couverts de neige
Le corps du héron blanc
Dans sa vraie silhouette reste dissimulé.

Quand la neige recouvre les champs, on ne distingue plus les brins d'herbe, les feuilles, la terre. Tout est recouvert par la neige blanche et le héron blanc lui-même ne se distingue plus de la neige, il reste dissimulé. Pourtant le héron n'est pas la neige. La lune, la neige, le plateau d'argent, le héron sont blancs, ıls sont proches. Mais bien qu'on ne les distingue pas, bien qu'ils soient intimement mêlés, ils ne sont pas identiques, ils sont chacun dans leur propre état.

Dans un dojo, par exemple, lorsqu'on pratique zazen, chacun est revêtu d'un kimono noir, assis sur un coussin noir et adopte silencieusement une posture semblable. Le soir, lorsque la lune brille par la fenêtre et que rien ne bouge, il règne une grande unité. Pourtant personne n'est identique à son voisin. Tout le monde pratique le même zazen mais chacun le vit selon son propre état.

En général, nous voulons toujours trancher : oui, non. Les matérialistes analysent, dissèquent les phénomènes, s'attachent à chaque état. Les spiritualistes ne reconnaissent que Dieu, s'attachent à l'unité. Mais chacun participe aux deux aspects, les phénomènes et la vacuité, l'essence et la manifestation.

Un jour maître Tozan se promenait dans la montagne accompagné d'un ami. En longeant un torrent, ils aperçurent des bouts de légumes qui étaient entraînés par le courant. Ils ont pensé qu'un ermite devait vivre plus haut, les ermites étaient nombreux alors en Chine, et ils se sont enfoncés dans la montagne. Ils ont rencontré l'e mite, qui se nommait Onzan et lui ont demandé : « Depuis combien de temps vivez-vous ici ? »

Onzan a répondu : « J'ai oublié. Lorsque les feuilles reverdissent, le printemps vient ; lorsqu'elles jaunissent et tombent, l'hiver arrive. »

Tozan : « Pourquoi vivez-vous dans cette montagne depuis si longtemps ?

— Auparavant je vivais dans le monde et un jour j'ai vu deux taureaux boueux s'affronter sur une plage. Puis ils sont entrés dans la mer et ils ont disparu. Maintenant, je vis ici. »

Les deux taureaux qui s'affrontent représentent le monde dualiste. Quand la neige recouvre toute chose, les différences s'estompent, tout devient blanc, même le héron blanc ne se distingue plus. C'est le monde de l'essence. Pendant zazen, on accède inconsciemment à ce monde, pourtant les pensées surgissent et disparaissent, mêlées mais pas identiques.

Cė poème décrit l'intimité du zazen où il n'y a plus d'opposition entre l'essence et les phénomènes.

FUYO DOKAI

Après la mort d'Ungo Doyo (en 902), le disciple de Tozan Ryokai, la tradition du zen Soto connaît une période de repli. La grande éclosion du zen de l'époque Tang (aux VIIIe et IXe siècles) avec sa profusion de maîtres célèbres est passée. Les persécutions contre le bouddhisme de l'an 845, même si elles ont moins atteint les moines zen que d'autres écoles bouddhiques, ont freiné la diffusion de l'enseignement de Bouddha. Au cours des générations, les écoles se sont distinguées et dans le zen Rinzai notamment il est fait un emploi inconsidéré des coups et des cris et de l'imitation des paroles et des actes des anciens patriarches.

Parmi les successeurs de Tozan, la lignée de Sosan avait développé la philosophie des « Cinq principes », qui se répandit parmi les intellectuels chinois, tout en s'affaiblissant et en disparaissant finalement au bout de quelques générations. La lignée de Ungan Doyo se concentra sur la pratique de zazen mais ses héritiers vécurent des temps difficiles dans un environnement où le zen s'était abâtardi. Retirés dans les montagnes, peu nombreux, ils continuèrent dans les difficultés l'esprit du vrai zen jusqu'à l'émergence de plusieurs maîtres de grande envergure qui redonnèrent du souffle à la pratique de zazen.

La source du zen Soto

Le premier de ces maîtres est Fuyo Dokai (1042-1118). D'une certaine façon, plus encore que Tozan, il est le véritable fondateur du zen Soto qui fut transmis quelque temps plus tard à Dogen. Dans une période de doute et d'amalgame il revint à l'authentique enseignement des anciens maîtres en se concentrant uniquement sur la pratique pure. Dogen dit de lui : « Il est la source du zen Soto. Il en est sa racine, son épine dorsale, ses os et sa moelle. Il possédait l'esprit de Bouddha et c'est grâce à lui que le vrai zen se bâtit et se développa. »

Fuyo Dokai fut le disciple de Toshi Gisse et il représente la perfection de ce qu'on appelle *gyoji*, de *gyo*, la pratique et *ji*, la continuation, la répétition, le fait de ne pas arrêter. A une époque où se développait un zen mixte, qu'on appellera le « zen aux cinq saveurs », mélange de plusieurs écoles bouddhiques, de taoïsme, d'ésotérisme, Fuyo Dokai se concentra exclusivement sur ce *gyoji*, la continuation de la pratique, à l'exemple des premiers patriarches du zen et en s'abstenant de tout intellectualisme et discussion inutiles et de toute compromission avec le pouvoir.

La rigueur de sa pratique et sa conviction attirèrent rapidement auprès de lui des milliers de disciples et sa renommée était telle que l'empereur, en signe de reconnaissance et de respect, voulut lui offrir un kesa violet, un kolomo et lui décerner le titre honorifique de Zenji. Fuyo Dokai refusa par trois fois ces honneurs, ce qui provoqua la colère de l'empereur qui l'exila dans une province éloignée. Le gouverneur essaya d'intervenir et lui proposa de prétexter une maladie qui l'empêcherait de se déplacer. Fuyo Dokai refusa également tout mensonge et rétorqua au gouverneur que rien ne s'opposait à son départ.

Suivi de nombreux disciples, il trouva refuge sur le mont Fuyo où il ouvrit un dojo. Des centaines de personnes s'y regroupèrent pour suivre son enseignement et là se situe le fameux épisode de la « soupe de Fuyo Dokai », restée célèbre dans l'histoire du zen. A la fois parce que ce dojo était pauvre et parce qu'il ne voulait pas attirer trop de disciples, Fuyo Dokai ne servait qu'un repas par jour à base de riz, dont la quantité restait la même quel que soit le nombre de personnes. Dans son enseignement intitulé *Gyon Shogi*, il dit :

« Le revenu de cette sangha, je veux le diviser en trois cent soixante-cinq parts et chaque jour j'utiliserai une de ces parts. Et je n'ajouterai ni ne diminuerai rien, que le nombre de disciples augmente ou diminue. S'il m'est possible de faire cuire du riz en tant qu'aliment, je veux faire cuire du riz. Mais s'il n'y en a pas assez pour le cuisiner en tant que riz, je le ferai cuire sous forme de soupe. S'il n'y en a pas assez pour faire une soupe de riz, je le ferai sous forme d'eau de riz. Et s'il n'y en pas encore assez, je ferai seulement du thé pour les visiteurs, ou je ne donnerai rien. »

Ainsi, il ne resta dans son dojo que des disciples forts et déterminés. Refusant lui-même toute invitation et toute perte de temps, il les exhortait à ne pratiquer que zazen, à mener une vie simple sans rechercher ni profit ni honneur. C'est dans ce dojo de Fuyo Dokai que s'est revivifié l'esprit du zen qui s'est perpétué jusqu'à nos jours.

La pratique de Fuyo Dokai nous paraît aujourd'hui d'une rigueur teintée d'ascétisme dont nous nous sentons incapables. A ce sujet, maître Deshimaru disait : « Vous devez comprendre l'esprit du dojo de Fuyo Dokai. Même si vous ne pouvez pas pratiquer comme lui, comprenez son esprit originel. » A notre époque de syncrétisme, de confusion, de séduction et de laisser-aller — comme c'était le cas de son temps — le *gyoji* de Fuyo Dokai nous indique la direction.

TENDO NYOJO

Successeur à la cinquième génération de Fuyo Dokai, Tendo Nyojo (1163-1228) occupe une place particulière dans la transmission du zen car il fut le maître chinois du moine japonais Dogen, lequel est le fondateur du zen Soto au Japon, et l'une des plus importantes figures de l'histoire du bouddhisme. Le développement ultérieur du zen au Japon, et maintenant en Occident, repose ainsi sur la rencontre entre ces deux hommes aux capacités extraordinaires qui vouèrent leur vie à pratiquer et à transmettre l'enseignement authentique dans un environnement difficile.

C'est qu'en effet la tendance à un abâtardissement du zen déjà présente à l'époque de Fuyo Dokai avait persisté du temps de Tendo Nyojo. En plus de cinq siècles de développement, le zen de Bodhidharma, des premiers patriarches et des grands maîtres de la dynastie Tang s'était mélangé à l'enseignement d'autres traditions et les diverses écoles prônaient un syncrétisme de plusieurs pratiques :

— récitation des mantras du *nembutsu* (invocation du nom du Bouddha mythique Amida) ;

— techniques de méditation particulières, comme le comptage des respirations ;

— étude du taoïsme et syncrétisme entre bouddhisme, confucianisme, taoïsme ;

— concentration sur les koans pour obtenir l'illumination ;

— utilisation de cérémonies issues des écoles ésotériques du bouddhisme.

Par ailleurs, ces diverses écoles essayaient d'assurer leur influence auprès des puissants du moment, fonctionnaires, gouverneurs, cour impériale. Les abbés des temples arboraient de luxueux vêtements et participaient activement à la vie mondaine.

Face à cette situation, Tendo Nyojo se dépensa sans compter afin de rétablir la pratique pure qu'il avait approfondie au cours de ses pérégrinations et dont il avait reçu la transmission de Shingetsu Shoryo. Sa méthode s'exprimait dans deux directions, qu'utilisera par la suite maître Dogen et, plus près de nous, Kodo Sawaki et Taisen Deshimaru. La première consistait à critiquer avec force le instigateurs d'une pratique dévoyée, la seconde à montrer l'exemple et à manifester ouvertement le zen de Bodhidharma.

Une critique ferme des pratiques erronées

De nombreux sermons de Nyojo transcris par Dogen attestent que celui-ci etait particulièrement virulent et qu'il n'hésitait pas à attaquer de front ses contemporains. Ainsi, à propos de la théorie selon laquelle le bouddhisme était identique à d'autres enseignements, voici comment s'exprimait Nyojo :

« L'opinion selon laquelle les trois enseignements — bouddhisme, taoïsme, confucianisme — sont unité n'atteint même pas le niveau du balbutiement des êtres inférieurs. C'est la destruction du dharma du Bouddha. Cette théorie est fort répandue et leurs tenants pensent devenir les enseignants des êtres humains et célestes, des gouverneurs et des empereurs, mais ils ne contribuent qu'à l'affaiblissement de la grande Voie des Bouddhas et des Patriarches. »

Quant à ceux qui embrassaient la vie monastique pour obtenir succès et reconnaissance mondaine : « Innombrables sont ceux qui, sans discrimination, s'autoproclament patriarches. Ils portent des kesas chamarrés, se laissent pousser les cheveux et les ongles et considèrent leur rang monastique comme la norme de leur réussite. C'est pitoyable ! Ils ne sont que des bêtes, des cadavres, dans le pur océan du dharma. »

Cette attitude peut paraître intolérante à notre époque moderne où l'on se méfie de l'intégrisme et où l'on a tendance à mettre au même niveau des pratiques fort diverses. C'est ainsi que se développent d'ailleurs des « zen amalgames » tel que le zen chrétien, le zen psychologique, le zen philosophique, le zen culturel, le zen social, le zen new age, etc. L'attitude de Nyojo, son intransigeance, ont permis de préserver une pratique pure menacée. Elles sont à considérer avec beaucoup d'attention, et font partie du précieux enseignement qui a été légué aux pratiquants d'aujourd'hui : toujours retourner à la véritable et authentique source, et la protéger. Ce qui n'empêche pas, au contraire, la créativité et l'expression libre de la tradition dans le monde moderne.

Shikantaza, seulement s'asseoir

Conjointement à ses critiques contre les formes dégénérées du zen, Nyojo mettait en pratique et enseignait sans relâche le zazen. C'est lui qui mit en avant la formule célèbre reprise par Dogen : *Shikantaza*, seulement s'asseoir. La Voie transmise par les Bouddhas est « seulement s'asseoir », sans qu'il y ait rien à y ajouter. Zazen lui-même est parfait et total. C'est l'éveil de tous les patriarches. Nyojo disait :

« La dimension la plus élevée pour l'étude de la Voie est zazen. C'est par son pouvoir que tous les grands maîtres ont atteint le satori. Les disciples doivent pratiquer shikantaza sans y ajouter quoi que ce soit. »

Il était l'exemple vivant de son enseignement et sa vie entière était consacrée à la pratique de zazen. Les phrases qui suivent montrent l'étendue de sa détermination, dont on aurait sans doute du mal à trouver l'équivalent dans nos générations actuelles :

« Depuis l'âge de dix-neuf ans, il n'y eut pas un seul jour ou une seule nuit où je ne pratiquai pas zazen. Bien avant que je ne devienne responsable de temple, je n'adressais plus la parole aux familiers de mon pays natal car je ne supporte pas de perdre mon temps. Je n'ai vécu que dans les temples et ne suis jamais entré dans aucune autre habitation. Bien entendu, je n'ai jamais gaspillé mon temps à visiter pour mon plaisir des sites montagneux ou les bords de mer. En dehors des horaires habituels de zazen, j'allais en été dans les lieux frais et en hiver dans les lieux les moins exposés au froid pour pratiquer zazen jusqu'au bord de profonds précipices. Je gardais toujours la posture de Bouddha comme modèle dans mon esprit. A l'époque où je souffrais d'hémorroïdes, je n'en pratiquais pas moins zazen avec la plus extrême vigueur. »

La détermination qui guidait Nyojo dans sa pratique, comme dans ses critiques, se retrouvait dans son enseignement à ses disciples.

Il n'était pas rare qu'il se lève pendant les longues séances de méditation pour battre avec sa chaussure l'un d'entre eux qui s'était endormi (c'est d'ailleurs au cours d'un de ces épisodes que Dogen réalisa le satori). Il les convoquait alors après le zazen pour leur tenir le discours suivant :

« A quoi bon entrer dans le dojo pour perdre votre temps à dormir ? Est-ce pour cela que vous avez quitté vos demeures et êtes devenus moines ? Pensez-vous que dans ce monde il soit possible de mener une vie de facilité ? La naissance et la mort sont des questions vitales. Ce monde impermanent disparaîtra rapidement : la mort ou la maladie peuvent vous frapper ce soir ou demain matin. Qu'il est absurde dans ces conditions de dormir plutôt que de pratiquer le dharma du Bouddha. Lorsque la Loi fleurissait dans ce pays, les moines ne se concentraient que sur zazen, et c'est parce qu'on ne l'encourage plus aujourd'hui que le dharma est sur son déclin. »

Malgré sa sévérité, de nombreux disciples accouraient pour pratiquer à ses côtés. Si leur esprit était sincère, il les accueillait chaleureusement, « comme un père reçoit un fils », quelle que soit leur condition, laïc, novice ou moine. C'est ainsi qu'il reçut Dogen, lui manifestant sa sympathie dès leur première rencontre.

Nyojo dit un jour à ses disciples :

« J'ai soixante-cinq ans et il m'est très difficile de continuer zazen. Pour vous enseigner, je suis obligé de vous frapper mais je déteste cela au plus haut point. Je ne le fais qu'en lieu et place du Bouddha. S'il vous plaît, pardonnez-moi ces actions. C'est parce que les autres maîtres des autres monastères ignorent tout de la Voie que je resterai sur cette montagne à enseigner le dharma du Bouddha. »

Un an plus tard, Nyojo mourait après avoir écrit un dernier poème :

Pendant soixante-six ans mes péchés
Ont rempli l'univers entier.
J'ai mené ce corps jusqu'au plus haut
Il redescend maintenant jusqu'en enfer.
Oh! Je n'ai rien à exprimer
Sur la vie et sur la mort.

EIHEI DOGEN

Eihei Dogen, ou Kigen Dogen (1200-1253), est l'un des personnages les plus importants de l'histoire du zen et du bouddhisme. Outre le fait d'avoir transmis la pure pratique du zen de Chine au Japon, comme l'avait fait sept siècles avant lui Bodhidharma d'Inde en Chine, d'avoir fondé plusieurs temples et enseigné à de nombreux disciples, il est l'auteur d'une œuvre littéraire unique, comprenant notamment le *Shobogenzo*, le « Trésor de l'œil de la vraie Loi », un traité de quatre-vingt-quinze chapitres qui reprend tout l'enseignement philosophique et pratique du bouddhisme. Il est considéré comme le philosophe le plus profond du Japon et doit être placé aux côtés des plus grand religieux de l'histoire de l'humanité.

C'est Dogen qui a enraciné et explicité dans le détail le véritable enseignement du zen au Japon et lui a assuré sa postérité. Fondateur de la lignée Soto, il se défendait de transmettre un enseignement spécifique, refusait jusqu'au nom de zen en affirmant qu'il ne s'agissait que de l'éveil authentique des Bouddhas et des Patriarches. Par un retournement d'expression, c'est la formule de « zen de Dogen » qui en est venue à signifier le zen dans sa plus pure authenticité.

Ainsi, ce chapitre s'attardera plus longtemps sur sa vie, dont on connaît à vrai dire beaucoup mieux les détails que celles des maîtres chinois plus anciens. Quant à son enseignement, l'extrait de texte présenté sera complété par l'ensemble de cet ouvrage où les références à Dogen sont omniprésentes.

Biographie de Dogen

Kigen Dogen est né à Kyoto en l'an 1200 d'une famille de la haute aristocratie, descendant de l'empereur Murakami. Son père mourut lorsqu'il avait trois ans et il fut élevé par son beau-père, poète renommé. Il perdit sa mère à l'âge de huit ans et cet événement décida de sa vocation religieuse : il est dit que c'est en voyant la fumée de l'encens s'élever pendant la cérémonie mortuaire qu'il prit conscience de l'impermanence et développa l'esprit d'éveil.

Dogen était un esprit brillant et précoce dont on raconte qu'il lisait la poésie chinoise à quatre ans et des sutras à neuf. Son inclination naturelle et les circonstances de la vie le conduisirent à adopter jeune la vie de moine et à l'âge de treize ans il fut ordonné au grand centre monastique du Japon médiéval, le mont Hiei, centre de l'école Tendai.

A l'époque, cette école s'était divisée en deux monastères rivaux qui se menaient une sorte de guerre. Par ailleurs des pressions politiques avaient interféré avec l'enseignement, et la pratique, mélange de plusieurs traditions, avait décliné. C'est dans ces conditions que de nombreux moines, dépités par cette atmosphère, allaient de monastère en monastère à la recherche de véritables enseignements et que certains, dont Dogen, se rendirent en Chine. De ce mouvement naquirent plusieurs nouvelles écoles qui renouvelèrent le bouddhisme japonais.

En attendant, le jeune Dogen était profondément troublé par une question qui est un point essentiel du bouddhisme. Les sutras expliquent en effet que « tous les êtres ont la nature de Bouddha ». Dans ce cas, se demandait le jeune Dogen, à quoi bon pratiquer, faire des efforts pour réaliser l'éveil puisque cet éveil, la nature de Bouddha, est inné.

Ne trouvant pas de réponse auprès de ses instructeurs du mont Hiei, Dogen se rendit au monastère de Kenninji où Eisai enseignait la tradition du zen Rinzai qu'il avait ramené de Chine. Eisai mourut l'année suivante mais Dogen demeura à Kenninji avec Myozen, le successeur de Eisai, dont il devint un proche disciple et auprès duquel il passa huit années.

Toutefois, Dogen se sentait toujours insatisfait et il se décida à entreprendre un voyage en Chine. Myozen souhaitait également faire ce périple, et c'est ainsi que tous deux, accompagnés de deux autres moines, partirent pour la Chine au début de 1223.

Arrivés sur le continent, tandis que Myozen se rend sur le mont Tendo, un important centre monastique, Dogen est obligé de rester trois mois sur le bateau avant de pouvoir entrer en Chine comme moine-étudiant. C'est au cours de ce séjour qu'il fait la première rencontre marquante de son voyage.

Rencontres avec des tenzos

Un jour de grande chaleur se présente sur le bateau un vieux moine qui a parcouru plus de vingt kilomètres pour acheter des champignons que transporte le bateau japonais. Ce moine est le *tenzo*, cuisinier, d'un temple situé dans la montagne. Etant donné son âge et la chaleur, Dogen lui propose de rester une nuit à bord. Le tenzo refuse car il est attendu au temple pour accomplir sa tâche. Dogen s'étonne que personne d'autre ne puisse préparer le repas et qu'un moine de son âge soit obligé de travailler, ce qui ne lui semble pas si important, au lieu de s'adonner à la méditation.

Le moine éclate de rire et lui dit : « Mon bon monsieur d'une terre étrangère, vous semblez bien ignorant de la véritable pratique et du sens des mots. » Dogen lui demande alors le sens de la pratique et des mots. Le moine lui répond :« Si vous comprenez la vraie signification de votre question, vous aurez déjà pris conscience de la vraie signification du bouddhisme. »

Ce dialogue avec le vieux moine tenzo chinois marqua profondément le jeune érudit japonais en plein questionnement existentiel.

Plus tard, alors qu'il avait rejoint le mont Tendo, Dogen voit le tenzo du monastère où il séjournait — il s'agit d'un autre moine-cuisinier —, assis en pleine chaleur dans la cour en train de faire sécher des champignons. Il s'agit également d'un vieux moine et Dogen lui demande pourquoi il ne se fait pas aider. « Les autres ne sont pas moi », répond le tenzo. « Mais le soleil est si fort, pourquoi travailler maintenant ? » dit Dogen. « Si ce n'est maintenant, quand le feraije ? »

Dogen est saisi et ne sait que répondre.

A un autre moment, Dogen rencontre à nouveau le premier tenzo qu'il avait vu sur le bateau. Ils parlent ensemble et en arrivent au sujet dont ils s'étaient entretenus la première fois.

Le vieux moine dit · « Etudier les mots, c'est connaître l'origine des mots. S'efforcer à la pratique, c'est approfondir l'origine de la pratique.

— Quels sont les mots ? demande Dogen.

— Un, deux, trois, quatre, cinq, dit le tenzo.

— Qu'est-ce que la pratique ?

— Dans l'univers, il n'y a rien qui soit dissimulé. »

Ces rencontres avec les tenzos ont fortement impressionné Dogen qui les a consignées dans son ouvrage *Tenzo Kyokun*. Il découvrait la réalité vitale de l'enseignement des Bouddhas, leur prise directe avec la totalité de la vie. Il ne s'agissait pas de spéculations intellectuelles, mais de la réalisation ici et maintenant de la pratique, du sens des mots et de l'univers entier qui ne dissimule rien.

Rencontre avec Nyojo

Toutefois, les deux premières années de son séjour en Chine sont décevantes pour Dogen. Il reste quelque temps au mont Tendo avec Myozen, puis visite plusieurs monastères de la région. Nulle part, il ne trouve le réel enseignement qu'il recherche et il ne se laisse pas impressionner par les maîtres chez qui il séjourne. Plus tard, il sera clairement critique à leur encontre :

« Bien qu'il y ait en Chine un grand nombre de

gens qui prétendent être des descendants des Bouddhas et des Patriarches, il y en a peu qui étudient la vérité, et peu par conséquent qui enseignent la vérité... Ainsi ce sont des gens qui n'ont pas la moindre idée de ce qu'est la grande Voie... Récitant quelques mots de Rinzaï ou de Unmon, ils les prennent pour toute la vérité du bouddhisme. »

Cette opiniâtreté dans la recherche de la vérité — la Chine jouit alors d'un très grand prestige — est l'une des marques de la grandeur de Dogen. Notre époque où se multiplient les enseignements plus ou moins authentiques peut y tirer matière à réflexion.

Au terme de ces deux années, Dogen décide de repartir pour le Japon lorsqu'il apprend qu'un maître illustre, Nyojo, vient d'être nommé nouvel abbé du mont Tendo. Nous sommes en 1225, Dogen se rend à nouveau dans le temple qu'il avait visité et dès sa première rencontre avec Nyojo, le vieux maître l'accueille chaleureusement en l'invitant à le traiter en égal. Dogen réalise qu'il a enfin trouvé le maître qu'il recherchait et est transporté de joie.

Dogen restera deux années auprès de Nyojo qui lui transmettra l'essence de son enseignement, *shikantaza*, seulement s'asseoir. L'éducation forte de Nyojo convenait à Dogen qui comprit profondément ce que signifiaient ces mots de Nyojo : « Le trésor de l'œil de la vraie Loi a été transmis uniquement dans mon monastère ; les autres ne l'ont même pas rêvé. »

Un événement en particulier, qui se déroula au début de son séjour, allait provoquer un profond éveil chez Dogen. C'était au cours d'une séance de zazen et l'un des moines s'était endormi. Nyojo se lève, frappe le disciple en criant : « Abandonnez, rejetez, le corps et l'esprit. » En entendant ces mots, Dogen réalisa le satori. L'expression de Nyojo transcrite en japonais par Dogen est restée célèbre : *Shin jin datsu raku*.

Après le zazen, Dogen se rend dans la chambre de Nyojo et allume un bâton d'encens. Nyojo demande : « Pourquoi brûlez-vous de l'encens ? » et Dogen, se prosternant, répond : « Je viens de faire l'expérience de rejeter le corps et l'esprit. » Nyojo marqua son approbation mais Dogen insista pour savoir si le maître ne marquait pas son approbation par complaisance. Nyojo répondit : « Corps et esprit rejetés. » (La même expression inversée *Datsu raku shin jin*.) Dogen réalisa alors encore plus profondément l'éveil.

Ce « rejetez le corps et l'esprit ; corps et esprit rejetés » marque la fin définitive du doute de Dogen. C'est, dit maître Menzan, « comprendre profondément que le corps, l'esprit et le monde (l'espace et le temps) ne peuvent être saisis par notre esprit discriminant, que la réalité ne peut être appréhendée par notre esprit limité, et ainsi laisser l'éveil s'émettre de lui-même. » L'expression *Shin jin datsu raku, Datsu raku shin jin* sera par la suite couramment utilisée par Dogen, de même que *shikantaza*, pour exprimer l'authentique éveil transmis par les Bouddhas et les Patriarches.

En 1227, Dogen commença à préparer son voyage de retour et Nyojo lui remit les documents de la succession ainsi que le *kesa*, l'habit de transmission, de maître Fuyo Dokai et les textes du *San do kai*, de maître Sekito, et de l'*Hokyo zanmai*, de maître Tosan. Il lui conseilla d'éviter les villes et la fréquentation des pouvoirs politiques, et de préférer les montagnes escarpées et les vallées profondes.

Le retour au Japon

Aux religieux et officiels stupéfaits venus l'accueillir, Dogen déclara qu'il revenait « les mains vides, les yeux horizontaux, le nez vertical ». (En général, les moines revenaient de leur périple avec de nouveaux sutras, de nouvelles théories, de nouvelles compréhensions, de nouvelles pratiques.) Puis, il s'installa à nouveau au temple de Kennin-ji qu'il avait quitté quatre ans auparavant avec son premier maître Myozen, mort entre-temps en Chine.

Là, il rédigea le *Fukanzazengi*, « Les règles universelles de la pratique de zazen » (voir le texte intégral reproduit ici). Ce texte, entièrement consacré à la pratique de zazen, se démarquait totalement des pratiques mélangées préconisées par le bouddhisme officiel du mont Hiei, et encouragées par le pouvoir politique, et même du zen syncrétique enseigné par Eisai à Kennin-ji. Pour pouvoir être libre, Dogen se décide donc à quitter ce temple, enseigne en plusieurs endroits avant de s'installer pour dix années au temple de Kosho-ji, dans la banlieue de Kyoto.

C'est dans ce temple, dont la construction avait été financée par de riches laïcs, ce qui lui donnait une relative indépendance par rapport aux autorités religieuses et politiques, que Dogen allait réaliser le premier monastère authentiquement zen du Japon, reprenant l'ancienne tradition des grands maîtres chinois. Il y fera preuve d'une grande activité littéraire, composant plusieurs chapitres du *Shobogenzo* et d'autres textes, traitant aussi bien de la philosophie bouddhiste la plus subtile que des règles de comportement des moines.

En ce qui concerne ces règles, il se situait dans la

droite ligne des recommandations de maître Hyakujo, quelques siècles auparavant en Chine. L'esprit est également identique à celles qui sont appliquées aujourd'hui en Europe. Voilà ce que Dogen disait sur le dojo : « Aucun moine ne doit être admis dans le dojo s'il n'éprouve le désir sérieux de suivre la Voie et s'il recherche honneur et profit ; dans ce lieu, tous les moines doivent essayer de vivre en harmonie les uns avec les autres, à l'exemple du lait qui se mélange à l'eau ; informez à tout moment le surveillant du dojo de vos allées et venues (la tradition s'est conservée lors des sesshins) ; ne parlez jamais mal des autres, ne portez pas d'accusations contre eux ; ne flanez pas dans le dojo ; ne portez que des vêtements faits dans des tissus simples ; ne pénétrez jamais dans le dojo si vous êtes ivre ; ne troublez jamais la pratique en invitant des étrangers dans le dojo. »

C'est également à Kosho-ji que la réputation de Dogen grandit et qu'il accueillit de très nombreux disciples, dont Ejo qui devint son fidèle secrétaire, l'aidant activement dans la rédaction de son œuvre comme dans la direction des moines. A Kosho-ji, dont il agrandit les bâtiments plusieurs fois, il reçoit pauvres et riches, moines et laïcs, hommes et femmes. A propos des femmes, Dogen avait d'ailleurs une attitude révolutionnaire pour son époque, disant par exemple : « Certaines personnes, insensées à l'extrême, ne pensent à la femme que comme objet de plaisirs sensuels, et la voient ainsi sans jamais corriger leur point de vue. Un bouddhiste ne devrait pas penser de même... Quelle accusation y a-t-il contre la femme ? Quelle vertu y a-t-il dans l'homme ? Dans le monde il y a des hommes mauvais, et il y a des femmes vertueuses. Le désir d'entendre le Dharma et la recherche de l'éveil ne reposent pas sur la différence des sexes. » Ajoutons que, pour ce que l'on en sait, Dogen lui-même ne semble pas avoir été préoccupé par les plaisirs sensuels.

En 1242, Dogen est éminemment célèbre, il a ordonné plus de deux mille moines et bodhi attvas et reçu un titre honorifique de l'empereur. Il a également rédigé plus de quarante chapitres du *Shobogenzo* et fermement implanté la pratique du zen au Japon. Cette renommée excite toutefois la convoitise des moines du mont Hiei et leur pression devient telle que Dogen décide de s'exiler de la capitale impériale qu'était alors Kyoto.

Eihei-ji, le temple de la paix éternelle

Dogen se réfugie alors dans la province d'Echizen, au nord-est, dont le seigneur est un ami et protecteur. Il séjourne d'abord dans plusieurs ermitages, subissant les hivers rigoureux de la région, continuant la rédaction du *Shobogenzo* et l'éducation des disciples qui l'ont suivi.

En 1244, il s'installe dans un monastère qu'il baptisera Eihei-ji, le « Temple de la paix éternelle », qui deviendra le temple central de l'école Soto au Japon. Il poursuit son œuvre littéraire et l'accueil de nouveaux disciples, sa célébrité restant intacte malgré son exil. Ejo le seconde plus que jamais car, dès les années 1250, il sent ses forces décliner.

En 1253, Dogen tombe malade et, sur les conseils du seigneur du lieu, se rend avec Ejo à Kyoto pour se faire soigner. Finalement, il ne reviendra pas de ce dernier voyage et s'éteindra le 28 août dans la demeure de l'un de ses disciples laïcs après avoir remis un kesa cousu de ses mains à Ejo (auquel il avait donné la transmission dès 1236).

Ejo continuera fidèlement l'œuvre de Dogen et la compilation du *Shobogenzo* jusqu'à sa propre mort en 1280 (il était l'aîné de deux ans de Dogen). Se prosternant matin et soir devant le portrait de son maître, il fut appelé avec déférence le « Grand secrétaire » et ses cendres déposées à côté de celles de Dogen.

En 1250, se sentant déjà affaibli, Dogen avait composé ce poème, intitulé *Portrait de Dogen contemplant la lune.*

En cet automne, l'esprit clair et frais habille
le vieil homme de la montagne.
Un âne regarde le ciel. La lune brillante
et pure vogue au firmament.
Rien ne vient. Rien n'est rejeté.
Libre, léger, rassasié de soupe de riz,
je m'ébroue comme un animal joyeux,
le ciel au-dessus de moi.
Plus haut que le ciel, je flotte comme un nuage,
né de l'eau originelle.

Enseignement de Dogen

L'enseignement de Dogen constitue un joyau s'exprimant au travers d'une œuvre littéraire importante dont la poutre maîtresse est le *Shobogenzo*. Le titre signifie littéralement « Le trésor de l'œil de la vraie Loi » et fait référence à la phrase que le Bouddha

Shakyamuni aurait prononcé en donnant la transmission à Mahakashyapa : *Shobogenzo Nehan Myoshin*, « Je te transmets le trésor de l'œil de la vraie Loi, l'esprit pur du nirvana ».

Le *Shobogenzo* se compose de quatre-vingt-quinze chapitres, rédigés par Dogen après son retour au Japon, et dont les derniers ont été mis en forme par Ejo à partir de l'enseignement oral et des notes de Dogen. Ces chapitres traitent tant des divers aspects de la pratique quotidienne, que de la transmission de l'enseignement ou de l'approfondissement de questions plus « philosophiques », étant entendu que la « philosophie » de Dogen est toujours l'expression de la « pratique-réalisation », terme clé sur lequel repose tout son enseignement : « la pratique elle-même est l'éveil ». Ils se réfèrent par ailleurs à de nombreuses anecdotes présentes dans les recueils chinois de la tradition zen, ainsi qu'à des passages d'anciens sutras. Les différents chapitres du *Shobogenzo* sont le fruit de la pratique religieuse de Dogen et l'expression d'un esprit particulièrement éveillé et lumineux qui peut retourner toutes les situations afin d'amener à une compréhension toujours plus profonde. Ces références culturelles, la virtuosité de l'esprit de Dogen et la langue particulière dans laquelle il s'exprime font que le *Shobogenzo* est difficilement traduisible en langue occidentale et qu'il nécessite généralement des commentaires. En saisir la véritable saveur et signification nécessite une expérience pratique du zazen et une intimité avec l'œuvre de son auteur et la tradition zen.

Outre le *Shobogenzo*, Dogen a laissé d'autres écrits tels que les nombreuses règles concernant tous les aspects de la vie monastique ainsi que différents textes et recueils (enseignements divers, paroles de son maître Nyojo, poèmes). Le *Fukanzazengi*, son premier texte sur la pratique de zazen, est reproduit intégralement au chapitre « Seulement s'asseoir ».

Voici un extrait d'un chapitre du *Shobogenzo* de Dogen.

Shoji, la « Vie-et-mort »

Vous devez comprendre que la vie-et-mort elle-même est le nirvana et ne pas détester l'une comme étant la vie-et-mort, ni désirer l'autre comme étant le nirvana. C'est alors seulement que vous serez libéré de la vie-et-mort.

C'est une erreur de penser que la vie devient mort. La naissance est une étape : elle possède un avant et un après. Pour cette raison dans l'enseignement de Bouddha, il est dit que la naissance est non-naissance. La mort est une étape : elle possède un avant et un après. Aussi est-il dit que la mort est non-mort.

Quand on parle de la vie, il n'y a que la vie. Quand on parle de la mort, il n'y a que la mort. Aussi quand la vie arrive, concentrez-vous sur la vie ; quand la mort arrive, concentrez-vous sur la mort. Ne haïssez ou ne désirez ni l'une ni l'autre. Cette vie-et-mort elle-même est la vie de Bouddha. Si vous tentez de la rejeter avec dégoût, vous perdrez ainsi la vie de Bouddha. Si vous voulez y demeurer, vous attachant à la vie-et-mort, vous perdrez aussi la vie de Bouddha, et vous vous trouverez seulement avec l'apparence de Bouddha.

Quand vous abandonnez et oubliez votre corps et

votre esprit et que vous pénétrez dans la maison de Bouddha, quand c'est Bouddha qui vous guide et que vous le suivez, alors sans effort et sans pensée, libéré de la vie-et-mort, vous devenez Bouddha. A ce moment-là, il n'y a plus d'obstacle dans l'esprit.

Il y a une voie aisée pour devenir Bouddha : ne faites pas de mal, ne vous attachez pas à la vie et à la mort, ayez de la compassion pour tous les êtres sensibles, respectez vos supérieurs, ayez de la sympathie pour ceux qui sont en dessous de vous, n'éprouvez ni haine, ni désir, ni souci, ni regret. C'est ce qu'on appele être Bouddha. Ne cherchez pas ailleurs.

KEIZAN JOKIN

Successeur à la troisième génération de Dogen, Keizan Jokin (1268-1325) est le fondateur du temple de Soji-ji — le deuxième principal temple du zen Soto au Japon, avec Eihei-ji — et celui par qui le zen se répandit dans tout le pays. Il est également l'auteur de plusieurs ouvrages dont le *Denko roku*, « Ecrits sur la Transmission de la lumière », qui relate, patriarche par patriarche, l'histoire de la transmission depuis Shakyamuni jusqu'à Koun Ejo (successeur de Dogen) et qui est considéré comme l'un des textes essentiels du zen Soto. Pour toutes ces raisons Keizan est particulièrement estimé et il fait figure, après Dogen, de deuxième fondateur du zen au Japon.

Biographie de Keizan

Keizan entra au temple de Eihei-ji à l'âge de huit ans à l'époque du fidèle secrétaire et successeur de

Dogen, Koun Ejo. Celui-ci mourut quelques années plus tard en regrettant de n'avoir pu achever l'éducation de ce jeune moine en qui il avait reconnu de grandes capacités. Keizan devint alors le disciple de Tetsu Gikai, successeur de Ejo. A dix-sept ans, il quitta Eihei-ji pour visiter d'autres maîtres et d'autres monastères. Il étudia notamment auprès de Jakuen, un moine chinois qui avait accompagné Dogen à son retour au Japon, et séjourna également dans des temples zen Rinzai ainsi qu'au mont Hiei, centre du bouddhisme Tendai.

Quand il revint à Eihei-ji des dissensions avaient éclaté entre les disciples de Tetsu Gikai, qui avait séjourné en Chine, et ceux de Gien, un autre disciple de Ejo, qui avait pris la responsabilité du temple. Les motifs de cette querelle ne sont pas clairs mais elle est à l'origine de la séparation du zen Soto japonais en deux branches : celle de Eihei-ji et celle de Soji-ji, le temple que fonda justement Keizan quelques années plus tard.

Quoi qu'il en soit, Gikai dut partir de Eihei-ji et il s'installa au temple de Daijo-ji où Keizan devint son assistant. C'est là que celui-ci réalisa un éveil profond en entendant Gikai prononcer la phrase de Joshu : « L'esprit ordinaire est la Voie. » C'est également à Daijo-ji que Keizan rédigea le *Denko roku* qui raconte l'expérience de l'éveil des cinquante-deux premiers patriarches.

En 1303, à une époque où le zen de Dogen était encore peu répandu et ne comptait que quelques temples, Keizan devint abbé de Daijo-ji, charge qu'il confia à son disciple Meiho Sotetsu en 1311. A partir de ce moment, il consacra sa vie à fonder de nombreux temples propices à la pratique de zazen, dont Soji-ji qui devint temple national au même titre que Eihei-ji. Il donna la transmission à un très grand nombre de disciples et toutes les lignées du zen Soto japonais remontent à Keisan, qui est donc l'instigateur direct de l'expansion que prit le zen au Japon. Il est également à l'origine des temples de nonnes et des lignées féminines de maîtres zen. Parmi ses disciples les plus importants, il y eut Meiho Sotetsu dont la lignée aboutit à Kodo Sawaki, Taisen Deshimaru et la majeure partie du zen européen, Gasan Juseki, son successeur au temple de Soji-ji, et Daichi, auteur de nombreux poèmes.

Outre le *Denko roku*, Keizan a écrit notamment le *Zazen Yojinki* (« Mesures à respecter durant le zazen ») qui traite de la pratique de zazen. Il reçut le titre posthume de « maître de la compassion lumineuse » et on dit parfois que si Dogen fut le père du zen Soto au Japon, Keizan en fut la mère.

Enseignement de Keizan

(Extraits du *Zazen Yojinki*)

« Zazen permet à chacun de clarifier son esprit profond et de s'installer confortablement dans sa propre nature originelle. Cela signifie révéler son Soi originel et manifester son fondement originel. »

« L'esprit et le corps sont rejetés en zazen. Cela est au-delà de la position assise ou couchée. Ainsi, libre de toute considération sur le bien et le mal, cela transcende les distinctions entre gens ordinaires et sages, cela se situe au-delà des jugements sur l'illusion ou l'illumination, cela est complètement à part de la frontière entre êtres vivants et Bouddha. Pour cela, laissez de côté toute affaire et laissez se dissiper toute association. Ne faites rien. Les six sens ne produisent rien. »

« Maintenant, zazen entre directement dans l'océan de la nature de Bouddha et manifeste le corps de Bouddha. L'esprit pur et clair s'actualise dans l'instant présent ; la lumière originelle illumine complètement toutes choses. »

« Ainsi, les bouddhas sont apparus dans ce monde pour la résolution de la Question Universelle : pour montrer la sagesse et la clairvoyance du Bouddha auprès de tous les êtres vivants et leur donner la possibilité d'entrer dans ce royaume. Pour cela, il existe une voie paisible et pure : zazen. Cela n'est rien d'autre que le *Jijuyu zanmai* de tous les bouddhas, aussi appelé le Roi des samadhis (*Zanmai o zanmai*). Si vous demeurez dans ce samadhi, même pour un court instant, votre esprit profond sera directement clarifié. Vous reconnaîtrez que cela est la véritable porte de la voie de Bouddha. »

« Si vous souhaitez éclaircir votre esprit profond, vous devez abandonner vos connaissances et compréhensions limitées, rejeter à la fois les affaires du monde et le dharma du Bouddha, et écarter vos émotions illusoires. Quand le véritable esprit de l'unique réalité se manifeste, les nuages des illusions s'éclaircissent et la lune de l'Esprit brille puissamment. »

« Le Bouddha dit : " Écouter et penser sont comme rester à l'extérieur de la porte ; zazen signifie retourner à la maison et s'asseoir en paix. " Comme cela est vrai ! Quand nous écoutons et pensons, les points de vue différents s'élèvent et notre esprit est toujours entravé. De même toute activité est comme rester à l'extérieur de la maison. Zazen seul amène toutes choses au repos et, s'écoulant librement, s'étend dans les six directions. Aussi, zazen est comme retourner à la maison et s'asseoir en paix. »

KODO SAWAKI

Kodo Sawaki (1880-1965) est le rénovateur du zen dans le Japon contemporain. Restant en marge de l'« establishment » religieux, il a redonné de la vigueur à la pratique de zazen dans un milieu clérical qui l'avait délaissé au profit des cérémonies. La pénétration et la profondeur de son enseignement qui s'adressait à tout individu, moine ou laïc, a puissamment contribué à régénérer un zen devenu moribond et il est à la source de sa diffusion actuelle en Europe par son disciple Taisen Deshimaru.

Biographie de Kodo Sawaki

Kodo Sawaki est né dans une famille aisée près de Ise Shrine en 1880. Son nom est Tsaikichi. Quand il eut cinq ans, sa mère mourut, et il perdit son père à l'âge de huit ans. Il fut adopté par un ami de son oncle décédé lui aussi, Monchiki Sawaki. Ce dernier était un homme faible et paresseux ne croyant qu'« au tabac et au sexe » et qui avait eu onze femmes. Celle du moment était une prostituée en proie à des crises d'hystérie. A treize ans, Tsaikichi dut travailler pour se nourrir et il devint guetteur à la solde de joueurs dans le quartier louche où il vivait. Ayant assisté à la mort d'un vieil homme dans une maison close, il prit brutalement conscience qu'il ne souhaitait pas finir sa vie de manière aussi déshonorante. Cet incident le plaça sur la voie du bouddhisme et il prit en horreur sa manière de vivre.

Il rencontra alors une famille honnête et éduquée qui lui apporta une grande aide et lui permit de sortir de son milieu. Il se mit à fréquenter un temple shinshu (bouddhisme populaire) et, alors qu'il était tenté de devenir moine de cette école, un prêtre shinshu lui conseilla de devenir moine zen. Il partit pour Eihei-ji, le grand temple du zen Soto fondé par Dogen.

Ses difficultés n'étaient pas finies car, étant un inconnu, il ne put devenir moine et dut se contenter d'une place de serviteur dans les cuisines sans avoir accès au dojo. Il apprit néanmoins la posture de zazen et pratiquait seul dans la réserve de la cuisine. Il fut impressionné par le fait que l'économe, qui autrement l'ignorait, faisait « gassho » (le saluait les mains jointes) lorsqu'il le voyait en posture de zazen. Enfin, il put recevoir l'ordination de moine, sous le nom de Kodo, au temple de Kyushu, avec son premier maître, Sawade Koho.

Plus tard, il rencontra un autre maître, Fueoka Sunum, qui lui apprit la manière juste : ne pas rechercher le satori ou autre chose, simplement s'asseoir en zazen (shikantaza). Cette relation maître-disciple dura un an et fut interrompue par la guerre russo-japonaise à laquelle il dut participer. Il y fut gravement blessé et laissé pour mort. Après cinq années d'interruption, à vingt-neuf ans, il entra à l'école du temple Horyu-ji à Nara et y fit des études de philosophie tout en poursuivant la pratique assidue de zazen et la lecture du *Shobogenzo* de Dogen.

En 1912, il devint le premier assistant du dojo du temple de Yosen-ji. Suivit une période de solitude qu'il rompit à l'âge de trente-sept ans. Il assurera par la suite divers postes dans plusieurs temples. En 1935, il devint éducateur de zazen à la grande université bouddhique de Komazawa puis *godo* (responsable de l'enseignement) au temple de Soji-ji, l'un des temples formateurs du zen Soto fondé par Keisan. C'est à ce moment, en 1936, que Taisen Deshimaru devint son disciple. Juste avant la guerre, Kodo Sawaki dirigea aussi un grand temple dans la montagne, le Tengyo Zen Ien.

C'est après la guerre qu'il devint particulièrement célèbre. Il organisait des sesshins et des camps d'été en divers lieux et enseignait tant aux laïcs qu'aux moines. Il donnait des conférences aussi bien dans les universités que dans les prisons, participait à la fondation de nombreux dojos, publiait des commentaires des textes classiques du zen, éduquait des disciples de toutes conditions dans les diverses régions du Japon. Sa vie tumultueuse, eu égard notamment à celle de la plupart des autres moines, sa profonde pratique et compréhension de zazen et de l'enseignement des patriarches, ses qualités personnelles et sa compassion lui permettaient de toucher directement le cœur et l'esprit de quiconque se trouvait en face de lui. On le surnommait « Kodo sans demeure » car il refusait de s'installer dans un temple et voyageait toujours seul. C'est pendant cette période où il apporta un souffle nouveau à la pratique du zen que Taisen Deshimaru le suivit partout et reçut l'essence de son enseignement.

A quatre-vingt-six ans, Kodo Sawaki tomba gravement malade et il passa les trois derniers mois de sa vie au temple d'Antai-ji où il donna l'ordination de moine à Taisen Deshimaru. De son lit, il passait de longs moments à regarder le mont Takagamine et, peu de temps avant sa mort, il dit à une nonne : « Regarde ça. La nature est magnifique. Je comprends les problèmes des hommes. Dans toute ma vie, je n'ai jamais rencontré une personne à laquelle j'aurais pu me soumettre et que j'aurais pu admirer. Mais ce mont Takagamine me regarde toujours de haut en disant : "Kodo, Kodo." »

Ce furent ses dernières paroles. Il mourut le 21 décembre 1966.

C'était un grand homme.

Enseignement de Kodo Sawaki

« Zazen, c'est pratiquer avec un corps humain ce qui n'est pas différent de Bouddha. En tant qu'organismes cellulaires, nous sommes semblables à tous les autres animaux. Mais l'être humain seul peut pratiquer ce qui est identique à Bouddha, c'est-à-dire devenir unité avec l'univers, unité avec le ciel et la terre. »

« Comprenez ce qu'est la religion. Ce lieu où il n'y a ni haut, ni bas, ni gauche, ni droite, ni envers, ni endroit. Il est transparent des cieux jusqu'à la terre, il est l'achèvement de la Voie. La peur, l'anxiété et le mensonge en sont absents, lorsque le mensonge disparaît, l'univers devient aussi pur que le cristal. »

« Cette Voie rend tout le monde heureux sans aucune exception. Tout devient mieux, tout devient la Voie. Une vieille chanson dit : “ Mon visage dans le miroir grimace lorsque je grimace ”, il en va de même pour l'homme. Lorsque l'un sourit, l'autre sourit. Ils sont comme reliés par un fil électrique et quiconque ne comprend pas cette vérité vit une existence de constipé. Comprendre ce principe, c'est voir le monde aussi transparent qu'un édifice de verre. Les sutras appellent ça “ pénétrer et envahir un monde propre et net ”. Moi, j'envahis l'univers entier. »

« Comment vivre cette réalité selon la loi du Bouddha ? L'homme est malheureux quand il perd toutes les bonnes choses auxquelles il était habitué et il est heureux quand il sort de la misère dont il a cruellement souffert. Après la souffrance vient le plaisir et après le plaisir vient la souffrance. Pourquoi courir dans tous les sens à fuir l'un et à poursuivre l'autre ? C'est ainsi que se comporte le commun des mortels, alors que le plus grand bonheur est justement de ne pas bouger. Tel est l'enseignement des Bouddhas du passé. »

« Lorsque Shakyamuni est entré dans la montagne, il a tout abandonné. S'il a renoncé à tout, ce n'est pas qu'il voulait obtenir quelque chose, c'est qu'il a tout simplement pris conscience de sa véritable nature. Aussi il n'y a rien à rechercher pour entrer dans la Voie du Bouddha. »

« Seulement s'asseoir, sans rien désirer. On parle

d'éternité, mais l'éternité c'est pratiquer ici et maintenant. Si j'arrive à vous faire comprendre cela, vous ne vivrez pas dans le noir jusqu'à votre mort. Sinon, vous ne pouvez suivre la Voie du Bouddha. Zazen, c'est pratiquer ici et maintenant. Maintenant ! Maintenant ! Maintenant ! Car rien n'est éternel. Donc, même la santé n'est rien ; même l'intelligence n'est rien. Alors il faut attraper cette chose très importante qui résout le regret qu'on pourrait avoir de se faire couper la tête maintenant. »

« La religion, ce n'est pas transformer le monde extérieur mais bien transformer cet œil, cette oreille, et cette tête. La religion ce n'est pas penser, mais pratiquer. La pratique religieuse est la chose unique. Rien à voir avec les vérités vantées sur l'emballage d'un médicament. Par la pratique quotidienne on naît au paradis, en perdant sa pratique quotidienne, on naît en enfer. Le paradis dont je parle, c'est le calme, la force tranquille d'un homme pour qui il n'y a ni bien, ni mal, ni Bouddha, ni satori, rien à rechercher, rien à fuir. »

« Pendant zazen, nous ne comprenons pas ce que nous faisons. Nous ne pouvons que faire zazen. Bien sûr, c'est un désir humain et banal que de vouloir savoir jusqu'à quel degré on fait zazen. Mais le soi-même qui fait zazen, c'est Bouddha. C'est cela que veut dire devenir Bouddha. C'est le point essentiel de zazen, c'est-à-dire l'illumination silencieuse (mokusho) du zen. »

« Dans un miroir, vous pouvez regarder votre image, mais comment voir l'esprit que même un miroir ne peut réfléchir ? Zazen rend cela possible. Rien ne dévoile plus l'ego que zazen. Plus zazen devient pur, plus il devient transparent et plus vous pouvez voir les illusions de votre ego.

« Notre corruption est d'être coupé de l'univers, et l'illusion est de confondre cet ego avec celui qui, originellement, n'est pas séparé du système cosmique. Cet ego véritable a les mêmes racines que le ciel et la terre, le même corps et le même esprit que tous les êtres sensibles.

« Cette religion authentique sans endroit ni envers, transparente des cieux jusqu'à la terre, c'est le secret du zen. Toute chose doit devenir complètement transparente, moi et vous, le passé, le présent et le futur.

« En termes de réalité, cela signifie que notre vie aujourd'hui, notre attitude de maintenant vivifie le passé. Si notre attitude est fausse, alors tous ceux qui nous ont nourris et éduqués, tous ceux que nous avons rencontrés n'ont agi que pour produire cette fausseté. Si notre attitude est juste, quoi qu'ils aient fait, ils n'auront agi que pour produire cette justesse. Les limites du soi sont vraiment au-delà de toute imagination, elles emplissent les cieux, la terre, l'univers entier. »

« Le bouddhisme n'est ni japonais ni chinois, ce n'est ni de l'histoire, ni de l'archéologie, ni de la psychologie, ni de la morale. C'est la manière de savoir comment bouger notre corps, c'est là que l'on peut trouver la vie authentique.

« Par conséquent, la foi n'est pas une supplication à adresser à Dieu. Ce n'est pas dire : " Donne-moi la santé, évite moi le malheur. " La foi, ce n'est pas mendier à Dieu ou à Bouddha mais c'est accorder notre vie intime à Dieu ou à Bouddha. La religion doit être réelle, pratique. Utiliser ce corps pour l'univers entier, c'est notre pratique de zazen. Utiliser notre ego seulement pour lui-même, c'est faire la même chose que font les oiseaux, les chiens, les chats et les vers de terre. La religion, c'est satisfaire l'ultime désir humain. Atteindre cet ultime désir humain ne peut être fait que par chacun d'entre nous, cela ne peut être créé par les autres. Cette chose ultime de l'être humain, la plus haute, la plus merveilleuse, c'est ce que j'appelle zazen. »

« Le Dharma authentique signifie retrouver notre esprit originel et chercher le royaume éternel et immortel. Une vie avec une naissance n'est qu'une vie de rêve. Il nous faut découvrir le monde qui pénètre le ciel et la terre, et pas le monde de nos illusions. Une vie d'éveil total, sans mort dans le futur, sans naissance dans le passé ; oublier tout et être en continuité avec les Bouddhas des trois temps et les générations des Patriarches. »

TAISEN DESHIMARU

Disciple de Kodo Sawaki, Taisen Deshimaru (1914-1982) implanta la pratique de zazen et transmit l'essence du zen en Europe. Arrivé en France en 1967, il enseigna à des milliers de disciples, fonda des centaines de dojos ainsi que le grand temple de La Gendronnière. Il fit de nombreuses traductions et commentaires des textes fondamentaux du zen.

Doué d'une très grande créativité, il a su enseigner le zen des bouddhas et des patriarches de façon directe en dégageant ce qui est essentiel, « seulement s'asseoir », des apports culturels de son pays natal. L'immense majorité des adeptes du zen en Europe se réclame de sa transmission : il est le patriarche-fondateur du zen en Occident.

Biographie de Taisen Deshimaru

Yasuo Deshimaru (Yasuo est son prénom civil, Taisen son nom d'ordination) est né le 29 novembre

1914, dans un petit village côtier du sud du Japon, non loin de la ville de Saga. Son père était un petit armateur et présidait des sociétés agricoles et de pêche du village. C'est dans l'ambiance d'un Japon encore très traditionnel que s'écoula son enfance.

Sa mère appartenait à l'école du bouddhisme populaire Jodo Shinshu, dont l'essentiel de la doctrine est contenu dans la formule d'adoration au Bouddha mythologique Amida, qui a fait vœu de faire renaître tous les êtres dans le Paradis de la Terre pure. Il sera fortement marqué par la dévotion de sa mère au moine Shinran, fondateur de cette école de la Terre Pure. Des années plus tard, alors qu'il était en France, il parlera souvent de la foi absolue de sa mère et de son propre respect et admiration pour Shinran. Il disait que le zen qu'il voulait transmettre ne se limitait pas à une école particulière mais englobait Shinran, le zen et les autres religions.

Adolescent, il suit des études dans la ville de Saga et réside dans une famille qui connaît maître Kodo Sawaki. Quand celui-ci leur rend visite, il partage la chambre du jeune Deshimaru qu'il impressionne par ses manières et son allure, sans qu'il n'ait besoin de parler de zen.

Vers l'âge de vingt ans, Yasuo Deshimaru se rend à Tokyo pour y poursuivre des études d'économie. Les souvenirs qu'il a laissés dans son *Autobiographie d'un moine zen* montrent que déjà ses préoccupations étaient d'unir les aspirations spirituelles et matérielles de l'être humain. En marge des études et de la vie commune aux étudiants de son âge, il consacre une grande partie de son temps à l'étude des problèmes religieux. Outre les liens qu'il garde avec des amis appartenant au Shinshu, il fréquente les spécialistes de l'hindouisme et du bouddhisme à l'Université. Il découvre le christianisme dans une église baptiste et s'initie à la philosophie européenne.

Rencontre avec le zen

Il connaît ses premiers contacts avec la pratique du zen le jour où il est invité à participer à une sesshin, au monastère rinzai d'Enkaku-ji. La pratique y était difficile et le kyosaku fréquent. La veille de la fin de la sesshin, pendant le zazen, soit par fatigue, soit par inattention, un moine lui assène un coup de kyosaku non sur l'épaule, mais sur la tête. Déjà exaspéré par les coups répétés depuis plusieurs jours, il se relève furieux, arrache le bâton des mains du moine et se met à lui donner des coups. Il rejoint ensuite la chambre du maître pour lui annoncer son départ. Mis au courant de l'histoire, celui-ci éclate de rire. Cependant, avec le recul, Deshimaru dira qu'il regrettait tout à fait l'attitude qu'il avait eue ce jour-là.

Peu de temps après, en 1936, il rend visite à maître Kodo Sawaki qu'il n'a pas vu depuis longtemps et qui a été nommé *godo* (enseignant du zazen) au grand temple de Soji-ji. Deshimaru racontera souvent cette visite qui fut pour lui décisive. Arrivé dans la chambre de Sawaki, celui-ci doit s'absenter pour faire zazen et il laisse Deshimaru seul, l'invitant à manger des fruits et à consulter son carnet de notes. Le contenu de ce carnet lui fait une profonde impression, les phrases courtes et incisives de Sawaki répondant à ses préoccupations essentielles et lui ouvrant de nouvelles perspectives. Dans son premier ouvrage paru en français, *Vrai zen*, Taisen Deshimaru citera quelques-unes de ces phrases :

« Zazen, c'est appréhender quelque chose de l'esprit de Bouddha par soi-même. »

« Zazen, c'est changer radicalement notre propre esprit. »

« Zazen est une révolution fondamentale de notre vie. »

« Zazen n'est ni l'austérité ni la mortification. C'est le véritable accès au bonheur et à la paix. »

« Zazen est la forme adulte de notre vie. »

« Zazen, c'est se fondre avec tout l'univers. »

Kodo Sawaki, une fois revenu du zazen, lui proposera, à sa grande surprise, de boire de l'eau-de-vie de prune. Tant et si bien qu'il repart ivre et chancelant, en ayant bien du mal à retrouver la porte du temple. A partir de ce moment Yasuo Deshimaru devint le disciple de Kodo Sawaki et il revint le voir régulièrement pour faire zazen avec lui et suivre ses conférences. Alors que tous ceux qui l'ont connu s'accordent à dire que Kodo Sawaki était très sévère, en particulier dans le dojo, Deshimaru racontera qu'il fut toujours d'une extrême gentillesse avec lui.

Quelque temps plus tard, Yasuo Deshimaru demanda l'ordination de moine à Kodo Sawaki. Celui-ci refusa en l'invitant à poursuivre zazen tout en menant une vie active dans la société. Une fois en Europe, Deshimaru gardera la méfiance de son maître pour les moines professionnels. Il donna volontiers des ordinations de moines et nonnes mais ne voulait pas que ses disciples se réfugient dans des monastères et les incitait à pratiquer dans le monde et à partager la vie sociale, avec les autres.

Une vie dans ce monde

En 1941, les Etats-Unis et le Japon entrent en guerre. Réformé pour sa myopie, Yasuo Deshimaru est envoyé par Mitsubishi, la firme qui l'emploie, en Indonésie afin d'y contrôler la production minière. Il part au moment où son premier fils naît (il ne le reverra qu'à l'âge de cinq ans). La période qu'il passe en Indonésie est très importante pour lui. Il la relate longuement dans son autobiographie et il aimait en parler à ses proches. Les horreurs de la guerre, les difficultés de l'époque mais aussi la découverte d'une culture étrangère resteront des expériences déterminantes.

De retour dans un Japon dévasté par la guerre, il continue de mener de front ses activités sociales et familiales (il aura trois enfants) et la pratique de zàzen auprès de son maître. Il travaille dans le monde des affaires où il connaît réussites et déboires. Parallèlement, il suit Kodo Sawaki et participe à de nombreuses sesshins à travers tout le Japon.

En novembre 1966, Kodo Sawaki tombe gravement malade. Yasuo Deshimaru, appelé à son chevet, obtient ce que Kodo Sawaki lui a refusé jusque-là : l'ordination de moine. La cérémonie a lieu le lendemain. Le nom que reçoit Yasuo Deshimaru est *Mokudo Taisen*, ce qui signifie « Voie Silencieuse, Grand Sage ». Avant de mourir, Kodo Sawaki lui laisse également comme instruction de continuer à transmettre son enseignement et lui conseille de partir pour l'Europe, une terre nouvelle, afin d'y enseigner la pratique du zen.

La mission en Europe

L'année suivante, il rencontre un groupe de Français pratiquant la macrobiotique, en voyage au Japon, qui l'invitent en France. Il se sépare de sa famille, prend le bateau puis le Transsibérien jusqu'à Paris. Seul, sans argent, ne connaissant pas la langue française (il s'exprimait dans un anglais très spécifique), ne possédant que son zafu, son kesa et les carnets de notes de son maître, Taisen Deshimaru arrive en France en juillet 1967.

Le zen n'est alors connu que d'une minorité d'intellectuels. Les ouvrages du professeur D.T. Suzuki et des orientalistes occidentaux en ont répandu une image séduisante pour les esprits européens mais totalement éloignée de sa pratique réelle. Le zen est aussi associé à des activités de la culture japonaise telles que l'ikebana (arrangement floral), la cérémonie du thé, la poésie, ou plus curieusement la théorie diététique de la macrobiotique.

Dès le début Taisen Deshimaru se concentre uniquement sur la pratique de zazen. Il participe tout d'abord à un stage dans le sud de la France au cours de l'été 1967, puis s'installe à l'automne dans l'arrière-boutique d'un magasin diététique rue Lamartine à Paris (le Kameo). Il dirige quotidiennement des séances de zazen et fait des massages pour subvenir à ses besoins. Ses plus anciens disciples se souviennent de lui, vêtu d'une veste, portant le béret basque et aidant à transporter les paquets dans l'arrière-boutique.

Il donne des conférences, tant en France que dans les autres pays d'Europe, dirige des sesshins, publie son premier livre, *Vrai Zen*, change plusieurs fois d'appartement où ont lieu les zazen afin d'y accueillir de plus en plus de pratiquants. En 1970, il crée l'Association zen d'Europe, qui deviendra Association zen internationale en 1979. Un premier groupe de disciples se constitue autour de lui et de petits dojos font leur apparition dans différentes villes.

En mars 1972, il ouvre le dojo zen de la rue Pernety (au numéro 46), dans le XIVe arrondissement à Paris, qui devient, jusqu'à la création du temple de La Gendronnière, le centre de sa mission. Hormis ses déplacements, il y enseignera quotidiennement jusqu'à sa mort. Un très grand nombre de personnes viendront pratiquer zazen au « dojo de Pernety » qui acquerra une notoriété dont le souvenir persiste dix années après sa fermeture.

En 1972 également, il introduit en Europe la tradition d'*ango*, les sessions d'été dont l'origine remonte à l'époque du Bouddha Shakyamuni. Ces sessions regroupent quelques centaines de personnes venues pratiquer zazen et suivre l'enseignement de Deshimaru. Elles se tiennent dans des locaux loués pour la circonstance dans différentes régions de France.

A partir de ces années 1972-1974, qui marquent l'éclosion du zen en Europe, le groupe de ses disciples devient plus important, une véritable sangha est créée et de nombreux dojos sont fondés un peu partout en France et en Europe. Sa mission est respectée dans son pays natal, alors qu'il y occupait une position marginale, et Iwamoto Zenji, une des plus hautes autorités du zen au Japon, le reconnaît comme « le Bodhidharma des temps modernes ».

Au cours de toutes ces années, son enseignement reste exclusivement concentré sur la pratique de zazen. C'est ainsi qu'il dirige quotidiennement les zazen du matin et du soir au dojo de Paris, ainsi que des sesshins dans toute l'Europe tout au long de l'année. Il forme ses proches disciples et leur transmet l'essence du zen, *I shin den shin*, d'esprit à esprit. Parallèlement il commence à traduire, commenter et publier les écrits des grands maîtres du temps passé, tels le *Shodoka*, l'*Hokyo zanmai*, le *Sandokai*, le *Shin jin mei*, et certains chapitres du *Shobogenzo*.

Grâce à une faculté exceptionnelle de création, il rend le zen accessible et vivant à la civilisation européenne du XXe siècle. Il n'enseigne que l'essence du zen, fait preuve d'une parfaite compréhension des mœurs, des mentalités et de la pensée philosophique occidentale. Il multiplie les contacts avec les représentants de la science moderne tout en gardant des liens étroits avec les représentants du bouddhisme zen au Japon et en dialoguant avec les milieux chrétiens. Il a toujours voulu faire coexister les deux, la tradition et le monde moderne. Ses nombreux talents — il connaissait parfaitement les difficultés de la vie sociale et avait fréquenté des milieux divers, il avait pratiqué les arts martiaux, la médecine chinoise, il était un excellent calligraphe —, son humeur joviale, son énergie inlassable et sa posture impressionnante lui confèrent un étonnant charisme qu'il contrôle complètement et met tout entier au service de sa compassion et de sa détermination sans faille à transmettre le zen authentique.

Toute cette activité débouche sur la fondation, en 1980, du temple zen de La Gendronnière, situé dans le Val de Loire, près de Blois. Le temple où se déroulent dorénavant les sessions d'été, et d'autres grandes sesshins au cours de l'année, devient la base du rayonnement du zen en Europe. Plus de mille cinq cents personnes s'y réunissent pendant l'été pour recevoir son enseignement. Maître Deshimaru continue néanmoins son enseignement au dojo de Paris et ses voyages pour développer sa mission. Il se rend notamment au Maroc, aux Etats-Unis, au Canada.

Taisen Deshimaru tombe gravement malade en février 1982. Très affaibli, il continue zazen quotidiennement jusqu'à son retour pour le Japon le 16 avril. Il meurt dans son pays natal le 29 avril, emporté par un cancer particulièrement violent.

Avant de quitter Paris, ses dernières directives à ses disciples furent de continuer zazen éternellement.

Enseignement de Taisen Deshimaru

L'enseignement oral de maître Deshimaru pendant le zazen était pris en note par ses disciples. C'est cette matière qui a donné lieu à de très nombreuses publications. Outre les ouvrages édités et réédités par plusieurs maisons d'édition, l'Association zen internationale a ainsi entrepris l'édition intégrale de ses traductions et commentaires des textes classiques du zen, qui comporte déjà douze volumes. La même association publie régulièrement depuis plus de vingt ans des fascicules qui regroupent d'autres enseignements.

Cette vaste collection de textes constitue un ensemble exceptionnel où l'enseignement transmis des Bouddhas et Patriarches se trouve actualisé dans notre Occident de la fin du XXe siècle. En voici un extrait.

La saveur du zen

« Le clair de lune brille sur chaque brin d'herbe. C'est un phénomène cosmique universel, c'est la nature de Bouddha, c'est Dieu, cela emplit tout le cosmos. Ainsi peut-on respirer, observer, entendre, sentir et savourer tous les phénomènes du cosmos. Il faut toucher ce cosmos en son entier. C'est le vrai zazen. Seulement s'asseoir.

« Même si on croit tout comprendre, même si on est à l'étude de la philosophie la plus élevée, si on n'en tire profit que pour soi-même, cela n'est pas la véritable philosophie, la véritable religion. Il ne faut pas cesser de progresser. Toujours aller d'un pas supplémentaire. A ce moment, le cosmos tout entier devient notre corps. Si nous abandonnons notre petit ego, le cosmos entier devient l'ego.

« Le ciel et la terre ont la même racine, toutes les existences sont en unité. Avançant d'un pas supplémentaire, on est certes vivant mais on est comme mort, on meurt à soi-même. Abandonnant toujours et encore l'ego, on peut devenir libre. Il n'y a pas d'impasse.

« Lorsqu'on fait zazen, cela est semblable à pêcher la lune et labourer le nuage. L'esprit devient vaste, tout s'apaise, on peut devenir intime avec soi-même.

« Dans les religions, on demande à Dieu ou à Bouddha. Dans le zen, on s'adresse à soi-même. Nous allons toujours seuls. La Voie de la pratique est profondément solitaire. Même un profond amour pour un autre être ne supprime pas cette solitude. Mari et femme dans un même lit ne font pas les mêmes rêves.

« La Voie est une. Celle qui monte est identique à celle qui descend. C'est la même Voie. Pourtant, au point de départ, elles sont différentes. Quand il escaladait la montagne, le Bouddha Shakyamuni était animé d'un grand espoir, mais il est redescendu épuisé, le corps brisé. La Voie qui monte est celle qui conduit à l'éveil, celle qui descend est la Voie du salut, de la compassion. Mais elles sont inséparables, par-delà leur dualité, elles sont unité. Faire zazen est éveil, vérité. Zazen est la Voie qui escalade la montagne et c'est également la Voie qui en descend.

« Se fixer un seul objet, avoir le moindre préjugé, la plus infime pensée, poursuivre un but, le plus ténu soit-il, nous éloigne inéluctablement de l'authenticité de zazen. L'éveil ne signifie rien d'autre que devenir *mushotoku*, sans but ni esprit de profit, et comprendre cela intimement, profondément.

« Si notre esprit n'adhère à rien, ne touche à rien, nul besoin d'avoir peur. L'abandon total de soi, de ses pensées, de ses buts, est la véritable compassion. Ne faites pas usage de la pensée dans le domaine de la sagesse et n'essayez pas de l'obtenir. La véritable sagesse est sans but. On ne peut l'obtenir qu'inconsciemment, naturellement, automatiquement. »

Ici et maintenant

Un dicton zen dit que lorsqu'on montre la lune, il faut regarder la lune et non le doigt. D'autres proverbes ou paraboles, issus de traditions diverses, ont une signification semblable.

Au terme de cet ouvrage consacré à la pratique du zen, il reste à chacun la liberté de pratiquer, de goûter la saveur de zazen. Cette pratique est ici et maintenant. Elle n'a pas de préalable. La vie passe vite. Si vous voulez pratiquer, n'attendez pas : vous trouverez toujours des obstacles ou de bonnes raisons pour remettre à plus tard ce que vous voudriez faire aujourd'hui.

Ici et maintenant signifie également qu'il n'y a ni commencement, ni fin. L'éveil est toujours neuf, il s'actualise quotidiennement. La pratique *est* la continuation de la pratique. Même si vous rencontrez des difficultés, persévérez, même si vous n'obtenez pas ce que vous attendiez, persistez. La Voie se perpétue sans cesse. Elle est un trésor inestimable. La pratique éternelle et la vie ici et maintenant sont non-deux.

Glossaire

Ango

Pratique collective pendant l'été. Cette tradition remonte à l'époque du Bouddha Shakyamuni où les moines se réunissaient pendant la saison des pluies. Elle a continué jusqu'à nos jours où la plupart des sanghas contemporaines organisent en juillet et en août des sessions de pratique.

Bodaishin

Esprit d'éveil. L'esprit qui prend conscience de l'impermanence, de l'illusion, de la nécessité de s'éveiller à une dimension élevée, l'esprit qui recherche la Voie, l'esprit qui pratique.

Bodhisattva

Celui qui fait vœu d'aider tous les autres à atteindre l'état de Bouddha. Représente l'idéal du bouddhisme Mahayana et est le symbole de la compassion.

L'ordination de bodhisattva est l'ordination de laïc, elle marque l'entrée dans la sangha.

Bouddha

Celui qui a réalisé l'Eveil. Désigne le Bouddha historique, Shakyamuṇi, et tous les êtres éveillés. Désigne également la nature ultime de l'univers.

Bussho Kapila

Première phrase (qui signifie « le Bouddha est né à Kapilavitsu ») du « Sutra des repas » et qui sert à le désigner. Ce sutra est récité avant les repas du matin et de midi.

Dharma

L'enseignement de Bouddha, l'ordre de l'univers.

Dojo

Lieu où l'on pratique la Voie.

Eihei-ji

Principal temple du zen Soto au Japon, fondé par maître Dogen.

Fukanzazengi

« Règles universelles pour la pratique de zazen. » Texte de maître Dogen.

Gassho

Salut les mains jointes. Représente l'esprit religieux.

Godo

Responsable dc l'cnscignement.

Guen Mai

Soupe de riz et de légumes traditionnelle servie après le zazen du matin.

Hannya Shingyo

Sutra récité après le zazen. Texte d'une page, condensé de l'abondante littérature de la *Prajna paramita* qui exprime la sagesse du bouddhisme Mahayana.

Hishiryo

Au-delà de la pensée. Désigne la conscience pendant zazen.

Hokyo Zen Mai

Le « Samadhi du Miroir-Trésor ». Un des textes essentiels du zen, poème de maître Tosan (IXe siècle). Désigne également la conscience de zazen.

I shin den shin

De mon esprit à ton esprit, de l'esprit du maître à l'esprit du disciple, d'esprit de Bouddha à esprit de Bouddha. Désigne la transmission du zen.

Karma

L'action et ses conséquences. La loi de causes à effets.

Kesa

Vêtement-symbole de l'esprit d'éveil et de sa transmission de maître à disciple. Reçu lors de l'ordination de moine, il est constitué de pièces de tissus assemblées entre elles et se porte pendant le zazen.

Ketsumyaku

Certificat donné lors de l'ordination qui atteste de l'appartenance à la lignée de transmission et comporte tous les noms des maîtres depuis Bouddha jusqu'au disciple.

Kin Hin

Zazen en mouvement. Marche qui se pratique entre deux périodes de méditation assise.

Koan

Parole, phrase, ou geste, qui exprime une question, une énigme, une contradiction dont la résolution échappe à l'analyse intellectuelle et qui doit conduire le disciple à s'éveiller. L'étude des koans, qui proviennent en général des anciens dialogues entre maîtres et disciples, a été systématisée dans l'école Rinzai.

Kontin

Quand l'esprit, pendant zazen, sombre dans la torpeur.

Kyosaku
« Bâton d'éveil », dont on se sert pendant zazen pour aider les pratiquants.

Ku
La vacuité, l'existence sans noumène. *Sunyata*, en sanscrit.

Kusen
Enseignement oral pendant zazen.

La Gendronnière
Principal temple zen en Europe, fondé par maître Deshimaru. Situé dans le Val-de-Loire.

Mahayana
« Grand Véhicule. » Branche du bouddhisme qui est répandu essentiellement en Chine, au Japon, en Corée, au Viêt-nam et à laquelle appartient le zen.

Mokugyo
Tambour en bois creusé, sculpté en forme de poisson, que l'on frappe avec une baguette à l'extrémité rembourrée pour marquer le rythme pendant la récitation des sutras dans le dojo.

Mondo
Questions-réponses. Dialogues entre maître et disciple au sujet du zen.

Mushotoku
Sans but, ni esprit de profit. Littéralement « rien à obtenir ». Exprime l'essence du zen.

Rinzai
Nom d'un maître zen chinois (IXe siècle) et d'une des deux principales écoles du zen qui recourt à l'usage formel des koans.

Roshi
Littéralement « vieux maître ». Titre honorifique utilisé pour les maîtres zen d'un âge avancé.

Samadhi
Complète concentration, complète absorption de l'esprit. Etat de non-dualité.

Samsara
Le cycle de la transmigration, le cycle de la vie-et-de-la-mort qu'engendre le karma.

Samu
Travail sans objet, sans recherche de profit. Concentration sur ce travail effectué pour le fonctionnement de la communauté.

San Do Kai
« L'interprétation de l'essence et des phénomènes. » Un des textes essentiels du zen, poème de maître Sekito (VIIIe siècle).

Sangha
La communauté des disciples.

Sanran
Quand l'esprit, pendant zazen, est dissipé, agité.

Satori
L'Eveil. Zazen est satori.

Sesshin
« Toucher l'esprit. » Période de plusieurs jours consacrés à la pratique.

Shin Jin Mei
« Recueil sur la foi en l'esprit. » Un des textes essentiels du zen, le plus ancien en langue chinoise, poème de maître Sosan (VIe siècle).

Shikantaza
Seulement s'asseoir. Sans but, sans objet. Seulement zazen.

Shobogenzo
« Le trésor de l'œil de la vraie Loi. » Titre de l'ouvrage fondamental de maître Dogen. Expression utilisée par le Bouddha Shakyamuni lorsqu ıl donna la transmission à Mahakashyapa.

Shodoka
« Chant de l'immédiat satori. » Un des textes essentiels du zen, poème de maître Yoka Daichi (VIIe siècle).

Shusso
Responsable dans le dojo.

Soji-ji
Un des deux temples principaux du zen Soto au Japon, fondé par maître Keizan.

Soto
Une des deux principales écoles du zen, la plus importante, transmise au Japon par maître Dogen et en Europe par maître Deshimaru. Dans le zen Soto, la pratique elle-même, sans but, est éveil.

Sutra
Textes bouddhiques qui expriment l'enseignement de Bouddha.

Tathagata
Terme difficilement traduisible — « Celui qui est ainsi » — qui désigne le Bouddha.
Tenzo
Moine responsable des cuisines dans un temple zen.
Zafu
Coussin pour la pratique de zazen.

Pour pratiquer

Le nombre de lieux, dojos, et d'occasions, sessions, où on peut pratiquer zazen s'est accru ces dernières années et il est difficile d'en faire une liste exhaustive.

La principale association est l'Association zen internationale, fondée par le maître Taisen Deshimaru, qui réunit la plupart de ses anciens disciples. Elle regroupe de nombreux dojos et groupes de zazen en France et à l'étranger, et organise un grand nombre de sessions en différents lieux. Le mieux est donc de s'adresser à son siège qui vous fournira une liste complète et tenue à jour des diverses possibilités pour pratiquer zazen.

Il existe cependant d'autres groupes qui pratiquent le zen.

Siège de l'Association zen internationale.
17, rue Keller, 75011 Paris.
Tél. : 01 48 05 47 43
Fax : 01 40 21 72 34.
Le siège est à la même adresse que le **Dojo Zen de Paris.**
Les locaux devraient déménager au
175, rue de Tolbiac, 75013 Paris, au début 1997.

Temple zen de La Gendronnière.
Commune de Valaire, 41120 Les Montils.
Tél. : 02 54 44 04 86
Fax : 02 54 44 04 87.

Imprimé en France par la Société Nouvelle Firmin-Didot
Dépôt légal : octobre 1996
N° d'impression : 36057